KB126982

흥하는 말씨
망하는 말투

2

성공하는 사람들의
긍정언어 실천하기

흥하는 말씨
망하는 말투

2

이상헌 지음

머리말

백화점에 가서 옷을 고르는 데도 몇 시간이 걸린다. 성질 급한 남자들은 운전자 대기실에서 2~3시간을 기다리는데 옷을 고르는 여자들은 여기서 이 옷 입어 보고 저기서 저 옷 입어 보면서 시간 가는 줄 모른다. 고작 몇 번 입다 버릴 옷인데도 그만큼 세심하게 고른다. 말 한마디로 천 냥 빚을 갚는다는데도 말을 신중하게 하지 않고 입에서 나오는 대로 내뱉다가 평생 쌓은 공을 그르치는 경우도 허다하다. 자나 깨나 불조심보다는 자나 깨나 말조심이 중요하다.

한 신도가 신부님에게 물었다.
"기도하다가 담배 한 대 피워도 되겠습니까?"
그러자 신부님은 표정이 어두워지면서 화를 냈다.

그런데 다른 한 신도가 신부님에게 물었다.

"담배를 피우다가 주님께 기도를 올려도 괜찮은지요?"

그러자 신부님은 웃으며 고개를 끄덕였다.

기도하다가 담배를 피우든, 담배를 피우다가 기도를 하든 팩트는 같다. 말을 어떻게 하느냐가 문제다. 말씨와 말투, 실천이 문제다.

유재석 씨는 연예인이 분명하지만 시대를 앞서가는 선각자라는 생각이 든다. TV 프로그램 〈무한도전〉에서 그가 가수 이적과 함께 만든 노래 '말하는 대로'는 이 시대를 성공적으로 살아가는 방법을 깨우쳐 주는 메시지다. 말하는 대로 된다는 것을 알기 때문에 그는 막말이나 천박한 언어를 사용하지 않음으로써 자기의 격을 높이는 것이다.

예전에 홍성우라는 탤런트가 있었다. 탤런트는 출연료로 생활하기 때문에 많이 출연할수록 소득도 높아지게 마련이었다. 그러나 그는 주어지는 역할을 하는 것이 아니라 훌륭한 정치인 역할만을 골라 도맡아 했다. 그 후 몇 차례 국회에 입성하며 기염을 토했다. 그런가 하면 시각장애인 역할을 주로 하던 연기자가 있었는데 그 후 정말로 눈이 멀었다. 〈개그 콘서트〉에서 도둑 역할을 실감 나게 연기하던 개그맨이 있었는데, 그 후 외제 차만 훔치는 자동차 도둑이 되어 뉴스에 등장하기도 했다. 배역이란 자기가 원한다고 주어지는 것은 아니지만 맡겨진 역할을 소화해 내다 보면 저도 모르는 사이에 자기 몫의 운명이 되어 돌아온다.

탤런트 최수종 씨는 자기 아이들에게도 깍듯이 존대어를 쓴다. 존경받으며 큰 아이들이 남을 존경할 줄 알기 때문이다. 정치인 중에 막말을 잘하는 사람들이 있다. 그러나 한결같이 끝이 좋지 않다.

탤런트 김정은 씨가 어느 해 카드 광고에서 "부자 되세요~"라는 멘트를 한 것을 기억한다. 그런데 그해 연예인 중에 최고 소득자가 된 사람은 바로 자신이었다. 되로 주고 말로 받는다고, 작은 투자로 큰 소득을 올릴 수 있는 것도 말이고, 남의 가슴에 실못 박으면 내 가슴에 대못 박힌다고 말 한마디에 치명타를 입기도 한다.

말에는 유인력(誘引力)이 있어서 같은 속성의 에너지를 끌어들여

33배로 증폭시킨다는 것이 메아리의 법칙이다. 야호, 하고 소리치면 이 산 저 산 소리가 반사되어 33배로 돌아와서 그렇게 명명했다고 한다. 알고 보면 남을 위하는 말이 나를 위하게 되고, 남을 해치는 말이 나를 해친다.

거듭 강조하거니와 자나 깨나 불조심보다는 자나 깨나 말조심이다. 『흥하는 말씨 망하는 말투』 실천 편을 개정하고 내용을 추가하여 『흥하는 말씨 망하는 말투 2』로 출간한다. 이 책을 손에 든 독자들의 앞길에 꽃처럼 아름다운 미래가 펼쳐지기를 바란다.

2019년 이상헌

차례

2장 명사들의 흥하는 말씨와 성공 언어

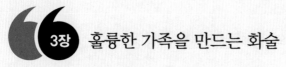

3장 훌륭한 가족을 만드는 화술

4장 험담하면 험한 일이 일어난다

5장 흥하는 말 100배의 법칙

1장

대화에도
연습이 필요하다

Your words
become
Your destiny

대화의 주된 목적은

가르치는 것, 배우는 것, 즐기게 하는 것 등이니까,

사람을 불유쾌하게 하거나 반발을 일으키거나 해서는

본래의 목적을 상실하고 만다.

_B. 프랭클린

과거와
결별하라

　미국 뉴저지의 한 시골 학교 교실에는 저마다 과거를 가진 아이들 25명이 앉아있었다. 상습적으로 마약을 복용한 아이, 소년원을 제집처럼 드나드는 아이, 15세도 안 되는 나이에 세 번씩이나 낙태를 한 아이 등 하나같이 부모와 교사들이 포기한 문제아였다. 잠시후, 문을 열고 앞으로 반을 맡게 될 베라 선생님이 들어왔다. 베라 선생님은 다른 선생님들처럼 규율을 지키라는 등 잔소리를 하는 대신 칠판에 다음과 같은 문제를 쓰고 웃으며 말했다.

　"다음 세 명 중에서 인류에게 행복을 가져다줄 사람이 누구인지 한번 판단해 보세요."

　A. 부패한 정치인과 결탁하고, 점성술을 믿으며, 두 명의 부인이

있고, 줄담배와 폭음을 즐기는 사람.

B. 두 번이나 회사에서 해고된 적이 있고, 정오까지 잠을 자며, 아편을 복용한 적이 있는 사람.

C. 전쟁 영웅으로 채식주의자에 담배도 안 피우고 가끔 맥주만 즐긴다. 법률 위반, 불륜 관계가 전무한 사람.

아이들은 만장일치로 C를 선택했다. 하지만 선생님의 대답은 뜻밖이었다.

"절대적인 기준은 없어요. 여러분이 옳다고 믿는 것이 때로는 잘못된 선택이 될 수도 있습니다. 이 세 사람은 모두 우리가 알고 있는 인물인데 A는 프랭클린 루스벨트 대통령이고, B는 영국 제일의 수상 윈스턴 처칠, C는 수천만 명의 소중한 목숨을 앗아간 나치의 지도자 아돌프 히틀러입니다."

이 말이 끝나자 교실에는 알 수 없는 침묵이 흘렀다. 한 사람 한 사람의 표정을 읽던 베라 선생님이 다시 입을 열었다.

"여러분의 인생은 이제부터 시작이라는 것을 기억하세요. 사람을 판단하게 하는 건 그 사람의 과거가 아니라 미래니까요. 이제 어둠 속에서 나와 자신이 가장 하고 싶은 일을 찾아보세요. 여러분은 모두 소중한 존재이고 얼마든지 성공할 수 있답니다."

선생님의 말은 아이들의 운명을 조금씩 변화시키기 시작했고, 그들은 훗날 심리학 박사, 법관, 조종사 등 사회 각 분야에서 전문가로 활동하며 두각을 나타냈다. 그중 키 작은 말썽쟁이 로버트 해리슨은 금융의 중심인 미국 월스트리트에서 촉망받는 경영인이 되었다. 과거의 실수와 잘못이 그 사람의 미래까지 결정할 수는 없는 법이다.

과거와 결별하기 위한 실천 Tip 10

01. 한 번의 실수는 그저 실수일 뿐이다. 평생의 오점으로 생각하지 마라.

02. 어제의 짐을 내려놓아라. 새로운 내일을 계획하라.

03. 한탄하지 마라. 이제부터 감탄하라.

04. 상벌은 중요하다. 자기 자신에게 벌 대신 포상하라.

05. 〈포레스트 검프〉의 대사를 기억하라. "과거는 과거로 남겨두지 않으면 앞으로 나아갈 수 없다."

06. 가난하고 나약하다고 좌절하지 마라. 적어도 누군가의 부러움을 살만한 장점이 있게 마련이다.

07. 타고난 재능은 중요하지 않다. 자신의 후천적인 재능을 발견하라.

08. 무엇이 되고 싶다고 끊임없이 생각하라. 언젠가 그 무엇이 되게 된다.

09. 감정을 다스려라. 그러면 모든 것을 다스릴 수 있다.

10. 기회를 잡는 것은 자신의 이성이다. 그러나 미래를 설계하는 것은 감성이다.

정직의 힘

은행 융자를 받아 소규모 사업을 하던 그는 6 · 25전쟁이 일어나자 자신이 빌렸던 돈을 준비해 은행을 찾았다. 사람들은 돈이 될 만한 것이면 뭐든 챙겨서 떠나는 상황이었는데 그는 오히려 빌린 돈을 갚으러 왔다고 하니 은행원이 놀란 표정으로 말했다.

"전쟁 통이라 융자 장부가 어디 있는지도 몰라요. 돈을 빌린 사람들은 모두 돈을 갚지 않아도 된다고 생각하는 마당에 왜 갚으려고 하십니까?"

"오늘이 만기일입니다. 영수증에 돈을 받았다는 도장을 찍어주세요."

전쟁이 끝난 후 남자는 가족을 데리고 제주도에서 군납 사업을 시작했다. 신선한 생선을 공급하는 일을 하게 되었고 갈수록 물량이 많아지자 원양어선을 구입해야겠다고 마음먹었다. 하지만 돈이나 담보물이 전혀 없어 자신의 능력만으로는 도저히 배를 구입할 자금을 마련하기 어렵자 그는 부산의 한 은행을 찾아갔다. 그러나 전쟁 직후 모든 것이 불확실한 상황에서 은행들은 그의 요청을 거절했다. 융자 받기를 포기하고 은행 문을 나서려던 그가 문득 서울에서 상환한 빚이 잘 정리되었는지 알아봐야겠다는 생각에 예전에 받은 영수증을 은행원에게 보여주었다. 그때 기적이 일어났다.

"아, 선생님이시군요. 피난 중에 빚을 갚은 분이 있다고 전해 들었을 때 '세상에 그런 사람도 있구나!' 했습니다. 선생님의 정직함은 은행가의 전설처럼 회자되고 있답니다."

은행 직원이 은행장의 방으로 안내하여 그에 대해 설명하자 은행장이 벌떡 일어나 반갑게 맞았다.

"당신처럼 진실하고 정직한 사업가는 처음 봅니다. 필요한 금액을 융자해 드리겠습니다."

융자 받은 사업 자금과 은행권의 신용을 바탕으로 성공적인 사업을 펼쳐 나간 그가 바로 한국유리공업(주) 설립자 최태섭(崔泰涉, 1910~1998) 회장이다. 그는 어려운 시기에 정직함을 밑천으로 사업을 번창시켜 국내 굴지의 기업으로 키웠고, 한국이 유리를 세계로 수출하는 데 이바지했다.

정직의 힘을 얻는 실천 Tip 10

01. 바른길로 걸어가라. 길을 한번 잘못 들면 평생 고생한다.

02. 심성이 바르면 대대손손 번영한다.

03. 신용과 정직은 하늘의 혈통을 만든다. 진실로 진실하라.

04. 욕심이 커지면 죄악이 싹튼다. 내부를 관찰하라.

05. 생각이 오염되면 행동도 오염된다. 바른 것만 보고 듣고 행하라.

06. 유혹은 달콤하다. 그러나 그 속에는 맹독이 들어있다.

07. 마음을 수정처럼 맑게 하라. 내가 있는 곳이 천국이다.

08. 바른 혈통을 만들어라. 대대손손 번영한다.

09. 남의 것을 탐하지 마라. 탐하는 것이 죄악이다.

10. 한 번뿐인 인생이다. 바르게 살아가라.

소망을 이루는
비결

    희망과 비전을 말해야 할 정치가나 종교인 중에 유독 부정적인 이야기를 하는 사람들이 있다. 그러나 이는 길게 보면 그 말이 자기 자신을 불행하게 만든다는 것을 모르는 것이다. 생각이나 말을 반복하면 에너지가 되어 그대로 이루어진다.

    TV 프로그램에서 뇌파로 선풍기 돌리는 장면을 보여준 적이 있다. 패널로 출연한 배우 변우민 씨 머리에 전자장치를 부착하고 한 가지에 집중하게 하자 잠시 후 선풍기가 돌기 시작했다. 생각이 에너지임을 보여준 것이다.

    주변에 툭하면 '죽겠다'는 말을 하는 사람이 있었다. 더워 죽겠다, 추워 죽겠다, 힘들어 죽겠다만 있는 게 아니라 그는 좋아 죽기도 했다. 이 친구는 여름휴가 때 가족과 함께 동해안으로 가던 길에 사고로 사망했다. 말버릇대로 된 것이다.

　뉴스는 대부분 재난과 사고 등 부정적인 것들로 점철되어 있다. 세상에는 재난 사고만 벌어지는 것이 아니라 그만큼의 감동과 감격도 있다. 그런데 뉴스에서는 주로 부정적인 소식만 다루다 보니 내가 사는 이곳이 지옥처럼 느껴지는 것이다. 그래서 생각이 있는 몇몇 사람들은 뉴스를 보지 말자는 캠페인을 벌이기도 한다. 우리가 대학에 다닐 때도 일자리가 거의 없어 졸업을 해도 취업은 그림의 떡이었지만 지금처럼 불안하지는 않았다. 그러려니 하고 살았기 때문이다. 의사가 환자에게 "당신은 암입니다"라고 말하는 순간 멀쩡하던 사람 몸에 암세포가 갑자기 늘어난다. 그래서 수술이나 약 대신 말로써 암을 고치는 의사도 있다.

　우주에는 긍정과 부정의 큰 에너지가 있어 말하는 대로 이루어진다. 마음속에 긍정을 심으면 긍정적인 결과가 나오고, 반대로 부정을 심으면 부정적인 결과가 나온다. 우주에는 인과의 원칙이 있어 원인과 조건이 있으면 반드시 그에 상응한 결과가 생긴다. 어떤 일을 달성하기 위해 간절한 마음을 가지면, 그와 동시에 그 목표를 달성하기 위한 적극적인 실천이 따르게 된다. 세상에 소망 없는 사람은 없다. 확신을 가져야 한다. 막연한 기대는 망상일 뿐이다.

　요즘 여러 언론에서 수시로 인터뷰를 요청해 온다. 한결같이 그 연세면 집에서 쉬어야 하는데 그렇게 왕성하게 활동하는 비결을 들려 달라는 것이다. 나는 나이를 생각하면서 일한 적이 없다. 노름꾼이 노름을 즐기듯 나는 일을 즐긴다. 나는 인간의 무한한 능력을 믿고, 원하는 대로 모든 것을 이룰 수 있다는 확신을 가지고 있다. 황금찬 시인은 2년 뒤에 100세가 되고, 철학자 김형석 교수는 4년 뒤에 100세가 되는데 강연 청탁이 오면 어디든지 달려간다. 그분들에 비하면 나는 연소자다.

소망을 이루는 비결 실천 Tip 10

01. 청사진을 만들어라. 청사진에서 눈을 떼지 마라.

02. 이루어질 것을 상상하라. 상상의 힘이 미래를 만든다.

03. 큰 소리로 기도하라. 앞에서도 말했듯이 기도는 절대자와 연결되는 직통전화다.

04. 안 될 이유를 말하지 마라. 될 이유만 말하라.

05. 자기 관리를 철저히 하라. 자기 값은 자기가 한다.

06. 일을 즐겨라. 즐거움은 기적을 만든다.

07. 호기심을 가져라. 행운이 끌려온다.

08. 자기를 믿어라. 믿음의 기적이 생겨난다.

09. 학생처럼 공부하라. 에너지가 충만해진다.

10. 될 때까지 도전하라. 도피자가 되지 마라.

나 자신을
용서하기

축구 경기에서 자책골을 넣었을 때 선수는 심한 충격을 받는다. 축구뿐만 아니라 한평생 살아가면서 예기치 않은 실수를 저지르는 일이 종종 있는데 당사자의 고통은 상상을 초월한다. 주먹으로 가슴을 치는 사람도 있고 벽을 들이받는 사람도 있는데 이런 것들은 일종의 자기 처벌이다. 그러나 그렇게 한다고 문제가 해결되는 것은 아니다. 내가 나를 용서하지 못하면 두고두고 괴로운 일만 생긴다.

가장 하기 힘든 말이 용서해 달라는 말이다. 잘못했을 때 "죄송합니다. 용서해 주십시오" 하면 될 것을 오히려 "내가 뭘 잘못했어?" 하고 눈을 부라린다. 사업에 실패한 지인이 돈을 빌려주면 장사해서 갚겠다면서 은혜는 잊지 않을 테니 살려 달라고 애원했다. 내게 그 정도의 돈이 있을 리가 없어 여기저기서 돈을 빌려 장사를 하게 해주었다. 그런데 3년이 되어 갚을 때가 지났는데도 피하기만 했다. 그러던 중에 우연히 길에서 마주쳤는데 그는 장사가 안 되어 빚을 지게 되었다고 했다. 그는 오히려 장사를 안 했더라면 빚을 지지도 않았을 거라며 그 빚까지 물어내라고 큰 소리를 쳤다. 그 후 그는 큰 사건에 연루되어 교도소에 수감되었다. 그는 내게 면회를 와 달라고 연락해 왔다. 면회를 갔더니 그는 내게 이곳을 나가면 빚을 갚을 테니 변호사를 쓸 수 있도록 돈을 빌려 달라고 했다.

"그보다 먼저 묻고 싶은 게 있네. 나에게 잘못했다고 느끼나?"

"다 알면서 뭘 물어?"

"모르니까 묻는 걸세."

"은혜는 잊지 않을 테니 도와줘."

"은혜는 그만두고 원수 갚을 생각이나 하지 말게."

5년 뒤에 그가 죗값을 치르고 나와 보니 아내가 전 재산을 갖고 다른 남자와 도망친 뒤였고, 당장 기거할 집조차 없었다. 이런 걸 두고 자업자득이라고 한다. 그 후 그는 아무도 자신을 상대해 주지 않자 고향 부모님 묘소를 찾아가 세상을 원망하는 유서를 써 놓고 음독을 했다. 결국 용서를 하지도 받지도 못한 채 한 많은 세상을 하직한 것이다.

우리나라의 고소 고발 건수는 일본의 13배가 넘는다. 나는 잘했고 너는 잘못했다는 생각이 그만큼 큰 것이다. 다른 사람의 실수나 과오에 대해 열린 마음으로 위안을 줄 수 있는 여유를 갖는 것이 진정한 용서다. 다른 사람을 용서하면 나 자신도 용서할 수 있다.

나 자신을 용서하는 실천 Tip 10

01. 남을 용서하는 훈련을 먼저 하라. 그래야 자신도 용서한다.

02. 천지 만물을 위하라. 위하는 자에게 위함이 돌아온다.

03. 위하는 마음으로 상대를 대하라. 천상천하 유아독존이다.

04. 용서는 사랑의 실천이다. 남도 나를 바르게 보지 않기 때문이다.

05. 자신을 비난하지 마라. 지난 일들로부터 겸허히 배워라.

06. 남의 잘못을 겸허히 받아들여라. 남에게 진실해야 용서가 가능하다.

07. 자기 자신부터 수용하라. 그래야 용서할 줄 알게 된다.

08. 마음의 그릇을 넓혀라. 자신을 객관화하는 훈련이 필요하다.

09. 한 번 실수는 병가의 상사다. 그럴 수도 있는 것이다.

10. 가정에서 먼저 용서해 주어라. 그게 안 되면 지구상에서 용서받을 곳
    이 없다.

말실수를
안 하는 법

워낙 말 많은 세상이라 하루도 조용한 날이 없다. 가뭄에 콩 나
듯 진실한 말도 있지만, 없는 말도 만들어 하는 세상이라 과연 어
떤 말이 옳고 그른지 판단하기 힘들다. 말 때문에 생기는 화는 설
화(舌禍)요, 글 때문에 생기는 화는 필화(筆禍)인데 말조심 글조심은
불조심보다 더 중대한 문제이다. 불은 119가 달려와 진화해 주지
만 필화와 설화는 뭘 하든 사후약방문이 되기 때문이다.

신부님이 젊은 과부네 집을 자주 드나드는 것을 본 신도들이 사
방팔방 나팔을 불어대는 바람에 그 일을 모르는 사람이 없게 되었
다. 얼마 후 과부가 세상을 떠나고 나서 신부님이 암에 걸린 젊은
과부를 돌보았다는 사실이 알려졌다. 문제의 신도들이 양심의 가

책을 느껴 신부님을 찾아가 용서를 빌자 신부님은 닭털 베개를 주며 들에 가서 속옛것을 바람에 날리고 오라고 했다. 들에서 돌아온 신도들이 신부님에게 시키는 대로 했으니 "이제 용서해 주시는 거죠?" 하고 물었다. 그러자 신부님은 이번에는 그 닭털을 모두 주워 오라고 했다.

"바람에 날아가 버린 닭털을 무슨 수로 줍겠습니까?"

"그렇습니다. 용서해 주는 것은 문제가 아니나 한 번 내뱉은 말은 이처럼 다시 주워 담지 못합니다. 험담은 살인보다도 위험한 것입니다. 살인은 한 사람만 상하게 하지만 험담은 한꺼번에 세 사람을 해치는 결과를 가져옵니다. 첫째는 험담을 하는 자신이요, 둘째는 그것을 듣고 있는 사람들이며, 셋째는 그 험담에 오르내린 사람입니다. 남의 험담을 하는 것은 결국 자기 자신의 부족함을 드러내는 결과를 가져올 뿐이지요."

『천수경』에 '십악참회'라는 것이 있다. 몸으로 짓는 죄악 3가지는 살생 · 도둑질 · 사음이고, 말로 짓는 죄악 4가지는 거짓말 · 꾸밈말 · 이간질 · 악담이며, 뜻으로 짓는 죄악 3가지는 탐심 · 성냄 · 어리석음이다. 우리는 과연 진실된 말을 하고 있는지 스스로 반성해야 한다. 대부분의 사람은 남이 욕하니까 덩달아 욕한다. 자기와 이해관계 없이 덩달아 죄를 지으면서도 죄를 짓고 있다는 생각조차 못 한다. 잘 짖는다고 훌륭한 개가 아니듯, 말을 많이 한다고 훌륭한 인격자는 아니다. 때로는 침묵이 웅변보다도 설득력이 있다. 오죽하면 옛 시인이 "말로써 말 많으니 말 말까 하노라"라는 시를 읊었겠나 하는 생각이 든다.

말실수를 안 하는 Tip 10

01. 말은 자신의 품격이다. 격에 맞게 연마하라.

02. 많이 듣고 적게 말하라. 그것이 교양인의 자세다.

03. 준비된 말을 하라. 준비 없이 하다 보면 실수를 연발한다.

04. 부드럽고 고운 말을 사용하라. 설득력이 강해진다.

05. 때와 장소에 맞게 말하라. 저곳의 정답이 이곳의 오답이다.

06. 자신의 뜻을 강요하지 마라. 적개심을 갖게 된다.

07. 알아듣게 말하라. 내가 안다고 해서 상대도 아는 것은 아니다.

08. 반응을 보며 말하라. 자기도취는 망령에 속한다.

09. 잘못은 곧바로 사과하라. 구렁이 담 넘듯 하면 용서받지 못한다.

10. 긍정으로 시작하여 긍정으로 끝내라. 그게 최고다.

기다려준
대가

"헤일 수 없이 수많은 밤을 내 가슴 도려내는 아픔에 겨워. (……) 기다리다 지쳐서 울다 지쳐서 멍이 들었네."

이미자의 노래 '동백 아가씨'를 듣다 보면 기약 없는 기다림의 고통이 절절히 느껴진다. 힘들 때 기다려주는 일은 생각처럼 쉽지 않다. 우리 속담에 "조강지처 버리는 놈은 되는 일이 없다."는 말이 있다. 잘나가던 스타들도 형편이 어려워지면 더는 기다리지 못하고 미련 없이 배우자와 헤어진다. 헤어진다고 뾰족한 수가 있는 것도 아니고 돈이 전부도 아니지만 "돈 떨어지면 임 떨어진다."는 말이 실감난다. 요즘 황혼이혼이 유행이다. 남편이 직장을 떠나 소득이 없어지면 용도 폐기되는 것이다.

일본 교포 3세 손정의는 세계 부자 3위를 달리던 컴퓨터 황제였다. 그가 야후 재팬을 인수한 후 주식이 94퍼센트나 곤두박질하여 파산이나 다름없이 되었다. 그는 엄청난 어려움에 빠졌고, 부인은 파출부를 자처하면서 원망 않고 수발을 들었다.(뒷바라지했다.) 그에게 좋은 일이 있을 때마다 꽃다발을 보내던 사람들조차 소식을 끊기 시작했다. 그가 밥을 사 먹을 돈이 없어 1,000엔이라도 빌리기 위해 메시지를 보내자 거의 다 외면하였고, 수신 거절을 하지 않은 사람은 400여 명뿐이었다.

손정의는 마침 중국 마윈의 알리바바에 투자하여 재기에 성공했다. 모두 떠나고 남은 400명은 처음 믿었을 때처럼 끝까지 믿어주며 그가 잘되기를 기도했다. 손정의는 일주일에 1조 원씩 불어나는 인터넷 플랫폼으로 재산이 폭발적으로 증가하자 자기를 기다려준 사람들에게 감사 표시로 10억 원씩 주었는데 그 돈을 다 합치면 자그마치 4조 원이 넘었다.

"이제 이 400명 이상 더 알고 지내기를 원하지 않습니다. 사람수가 중요한 것이 아니라 믿어주는 사람이 소중하기 때문이지요." 손정의가 자기를 기다려준 사람들에게 10억 원보다 더한 가치를 느꼈을 것은 말할 나위가 없다. 그는 막대한 재산을 힘들 때 끝까지 믿고 버텨준 부인에게 관리하게 하고, 자신은 매주 부인에게 용돈을 타서 쓴다.

"사람이라고 다 사람이냐, 사람다워야 사람이다."라는 옛말은 시대의 흐름과 관계없이 유효하다. 우리 삶의 여정에서 가장 중요한 건 사람이다. 사람이 재산이다. 살다 보면 비가 올 때도 있고 눈이 올 때도 있다. 그러나 신뢰하고 신뢰받으려는 노력이 자신의 자산 가치를 높여준다. 사람이 재산이기 때문이다.

자신의 자산 가치를 높이는 Tip 10

01. 돈이 재산이 아니라 사람이 재산이다.

02. 친구와 포도주는 오래될수록 값이 나간다. 옛 친구의 숫자를 세어 보라.

03. 친구가 힘들 때 격려하라. 밤은 아침을 위해 있는 것이다.

04. 한 번 해병은 영원한 해병이다, 라는 말처럼 인연을 소중히 하라.

05. 필요할 때만 나타나는 사람을 경계하라. 그는 친구가 아니다.

06. 조건 없이 믿고 기다려라. 영광이 따르게 된다.

07. 힘든 사람에게 어깨를 빌려주어라. 그것이 공덕이다

08. 한 번 믿으면 끝까지 믿어줘라. 그것이 의리다.

09. 살아온 길을 보면 사람 됨됨이를 알 수 있다.

10. 좋은 사람과는 끊임없이 교분을 쌓아라. 좋은 기가 공유된다.

아이디어로
돈 벌기

우리는 살면서 끊임없이 문제에 부딪힌다. 어떤 문제든 그 속에 해답이 들어있지만 대부분 그것조차 모르고 지나간다. 대우그룹 김우중 회장의 자서전 『세상은 넓고 할 일은 많다』를 보면 세상 모든 것이 돈인데도 사람들은 그게 돈이라는 것조차 인식하지 못하고 있다는 얘기가 나온다. 옳은 얘기다. 예전에 아이디어로 돈 버는 방법을 시리즈로 방송하다가 만든 책이 『아이디어로 돈을 법시다』였다. 기존에 없었던 업종 150여 가지를 만들어 펴낸 책인데 지금도 그 방법으로 성공한 사람들을 종종 만나곤 한다.

S씨 내외는 결혼 5년 차 부부다. 그의 아내는 여행 중독증이어서 집에 있으면 숨이 막히고 나가면 해방감을 느끼는 사람이다. 약 먹

는 셈 치고 아내가 하자는 대로 주말이면 국내 아니면 가까운 일본이나 중국으로 여행을 가고 휴가 때는 좀 더 먼 곳까지 다녔다. 그러다 보니 가진 돈을 다 쓰고 적금에 보험까지 해약해서 여행 경비로 사용하게 되었다. 이러다가는 패가망신할 것 같아 여행은 정년퇴직 후에 다니자고 했지만 아내는 그럴 거면 이혼하자며 집을 나가는 바람에 울며 겨자 먹기로 빚을 얻어 여행을 다니다가 직장에서도 쫓겨났다. 그럼에도 습관은 고쳐지지 않아서, 집을 팔고 전세로, 전세에서 월세로 옮겨 살면서도 계속 여행을 다녔다. S씨는 더이상 버틸 수 없어 아내와 함께 상담하러 찾아왔다.

"집에 있으면 숨이 막혀서 견디기가 힘들어 여행으로 버텼는데이제 막막합니다. 살 수도 죽을 수도 없네요."

"어려울 게 하나도 없습니다. 트럭을 개조해서 이동판매점으로만들어 관광지를 돌며 특산품을 팔아 보세요. 차에서 숙식을 해결하고, 적당한 자리에 차를 세워 놓고 물건을 팔면, 여행도 즐기고수입도 생기면서 일석이조지요. 틀림없이 금주의 화제가 되어 TV에도 나올 겁니다. 날마다 일기를 쓰면서 장사를 했던 장소를 사진을 찍어 책으로 펴내면 베스트셀러가 될 수도 있겠어요."

내 이야기가 끝나기도 전에 부부의 얼굴은 환하게 밝아졌다. 그후 이 부부는 전국 관광지를 돌면서 차에서 먹고 자며 생활하다가1년 만에 찾아왔다. 결혼 후 처음으로 저축을 하게 되어 적금 통장도 만들고 보험도 들었다고 했다. 머리를 쓰면 이것을 기업화할 수도 있다. 신용협동조합을 만들어 주주를 모집하고, 자동차를 예쁘게 디자인하여 한눈에 알아보도록 만들고, 수익의 일부를 그 지역 관광 사업에 희사하는 방법이다.

아이디어로 돈 버는 Tip 10

01. 문제가 생겼다고 조바심 내지 마라. 어떤 문제든 해답이 있다.

02. 문제를 쪼개고 다른 방법을 붙여보자. 또 다른 아이디어가 생겨난다.

03. 한걸음 뒤에서 관조하라. 모르던 해답도 나타난다.

04. 부정적인 사람은 가까이하지 마라. 다 된 죽에 코 빠뜨릴 수 있다.

05. 아이디어 그룹을 만들어라. 기업으로 성장시킬 수도 있다.

06. 문제끼리 더하기 빼기를 해보자. 새로운 해답이 나타난다.

07. 엉뚱한 아이디어도 환영하라. 그것이 효자다.

08. 공자님은 세 살 먹은 아이의 말도 경청했다. 어리다고 무시하지 마라.

09. 두려움이 문제를 복잡하게 한다. 여유를 가져라.

10. 관계되는 것은 모두 메모하라. 메모가 효자 노릇 한다.

신나는 직장
만들기

직장인의 꿈은 '많이 놀고 일은 조금 하고 월급은 많이 주는 회사'에서 일하는 것이다. 그러면서 '그러다가는 회사가 망하겠지'라고 생각할 게 틀림없다. 그동안 그런 예를 수없이 보아 왔기 때문이다. 대부분의 직장인은 받는 만큼 일하자는 생각을 하고 있다. 그러나 경영자 쪽에서는 더 잘하면 더 주겠다고 한다. 이런 피곤한 줄다리기를 하다가 폐업을 하고 임금이 싼 다른 나라로 공장을 옮긴다. 우리나라의 일자리 부족도 이런 맥락에서 보면 쉽게 이해가 된다. 기업의 목적은 이익 창출이지 자선사업이 아니기 때문이다.

요즘 대학생들은 대부분 학자금 대출을 받아 등록금을 낸다. 그러나 졸업 후 취업이 안 돼 대출금을 갚지 못해 신용불량자로 전락

한다. 유망 중소기업도 있지만 그곳에 가지 않는 이유는 생활비에다 대출 원리금을 상환하려면 중소기업의 임금으로는 힘들다는 것을 알기 때문이다. 기업에서 숙소 제공과 학자금 문제를 책임져주는 방법도 있다. 장기간에 걸친 무이자 상환도 생각해 볼 수 있다. 국가의 협조를 얻으면 어려운 일도 아니다.

일본 미라이 공업은 1년 365일 중 휴가 180일, 5년마다 해외여행, 근무시간은 단 7시간, 평균 연봉 6,000만 원, 정년은 70세이다. 샐러리맨에게는 꿈의 직장이 아닐 수 없다. 이런 회사가 과연 유지될 수 있을지 의문이 들 테지만 동종 업계 1위 기업이다. 이 회사에는 인사 고과가 아예 없다. 전 직원의 이름을 쓴 종이쪽지를 한데 모아 선풍기 바람에 날려 가장 먼저 손에 잡힌 쪽지 속 이름의 주인공이 과장으로 진급한다. 복불복이지만 누구 하나 불만이 없다. 이렇게 진급이 이루어지면 일이 제대로 될까 싶지만, 어차피 믿고 맡기면 성과는 자연스레 나오게 되어 있다는 것이다. 식당 한쪽의 사내 게시판에는 독특한 제안서가 있다. 제안만 하면 무조건 상을 준다는데, 획기적인 전략이 많이 올라온다. 사원이 행복해야 기업이 성장한다는 것이 사장의 생각이다.

미라이 공업은 100 대 1의 치열한 경쟁률이 말해주듯 일자리를 원하는 사람들에게 가장 가고 싶은 기업으로 꼽힌다. 세상에 이런 회사가 많아진다면 100대 1의 비현실적인 경쟁률이 아닌, 100개의 잘나가는 기업에 인재가 고르게 채용될 수 있다.

　　무대의 막이 오르면 연기는 배우에게 맡겨야 한다. 그렇지 못하면 배우는 성장하지 못하고 연극은 망한다. 기업도 마찬가지다. 막이 오르면 경영자는 사원이라는 배우에게 모든 걸 맡겨야 한다. 사원 스스로가 감동해 열심히 하지 않으면 기업은 성장하지 못한다.

　　─야마다 아키오(미라이 공업 창업자)

신나는 직장을 만드는 Tip 10

01. 날마다 5분 폭소 후 근무로 기쁨 에너지 만들기.

02. 매년 웃음 대상 주기. 웃음꽃 피는 직장 만들기.

03. 매달 좋은 책 한 권을 읽고 독후감 써 내기.

04. 매달 1회 도시락 싸 와서 바꿔 먹기로 친교 도모하기.

05. 아빠 직장 방문의 날을 정해 부자간 애정 훈련하기.

06. 모든 직원 글쓰기 훈련으로 매년 책 한 권씩 만들기.

07. 모범 가정을 표창하여 모든 가족 행복운동 벌이기.

08. 신나는 가정이 신나는 직장을 만든다. 가족 교육에 투자하기.

09. 매달 1회 노래 자랑, 장기 자랑 대회를 열기.

10. 매달 이달의 생일 파티 열기.

원수와
잘 지내는 법

사람은 살아가면서 너나없이 마음의 상처를 입는다. 가족, 친구, 직장 상사나 동료로부터 상처를 받고 힘들어하는데 정작 상처를 입힌 쪽에서는 알지 못한다. 상처받은 사람은 그 고통을 스스로 극복하지 못하면 화병(火病, Anger)에 걸리고 만다. 한국의 행복 지수가 OECD 국가 중 최하위인 것도 화병과 관련이 깊다. 이 화병은 우리나라에만 있는 특수한 병이어서 세계 의학사전에도 병명이 올라가 있다. 사소한 일에 분노하고 자기와 상관없는 일에도 격분하는데, 이 화병은 저절로 없어지지 않고 잠복 상태로 사람을 괴롭힌다. 부부 싸움을 할 때마다 20~30년 전 얘기를 들고나오는 것도 화병에 걸렸다는 증거다. 문제는 스스로 자초하고 있는데도 원인이 자기가 아닌 상대방에게 있다고 생각한다는 것이다. 처방은 용서밖에 없다. 자기에게 상처를 준 사람을 용서할 때 비로소 그 상처에서 해방될 수 있는 것이다.

먼저 자기 마음을 조용히 들여다보는 노력이 필요하다. 화를 자주 내면 기가 다 빠져서 기진맥진하게 된다. 기(氣)는 에너지다. 에너지 없이는 운행이 불가능하다.

링컨에게는 에드윈 스탠턴이라는 정적(政敵)이 있었다. 스탠턴은 당시 가장 유명한 변호사였는데 한 번은 두 사람이 함께 같은 사건을 맡게 된 적이 있었다. 이 사실을 모르고 법정에 앉아있던 스탠턴은 링컨을 보자마자 자리에서 벌떡 일어나 "저따위 시골뜨기와 어떻게 같이 일을 하라는 겁니까?"라고 소리치고는 나가 버렸다. 그런 식으로 스탠턴이 링컨을 얕잡아 보고 무례하게 행동한 적이 한두 번이 아니었다. 세월이 흘러 대통령이 된 링컨이 내각을 구성하면서 국방부 장관 직에 스탠턴을 임명하자 참모들은 충격을 받았다. 스탠턴은 링컨이 대통령에 당선되자 "링컨이 대통령이 된 것은 국가적 재난"이라며 공격했던 것이다.

"재고하시기 바랍니다."

"나를 수백 번 무시한들 어떻습니까? 그는 사명감이 투철한 사람으로 국방부 장관을 맡기에 충분합니다."

링컨이 암살자의 총에 맞아 숨을 거두었을 때 스탠턴은 링컨을 부둥켜안고 통곡하며 이렇게 말했다.

"여기, 가장 위대한 사람이 누워있습니다."

결국 링컨은 자기를 미워하던 원수까지도 용서하고 사랑한 진정한 승리자였다.

원수와 잘 지내기 위한 Tip 10

01. 마음을 비우고 분위기를 바꿔 보자. 마음이 변하면 세상도 변한다.

02. 불평, 비난, 험담을 하지 마라. 내가 한 말은 내 몫으로 돌아온다.

03. 미운 놈 떡 하나 더 주어라. 뭐니 뭐니 해도 떡값이 가장 싸다.

04. 인생은 일장춘몽이다. 악몽에 시달리지 마라.

05. 마음에 힘이 되는 책을 열 번, 백 번 읽어라. 마음이 변하면 세상이 변한다.

06. 세상 이치란 권투 시합과 다를 것이 없다. 서로 치고받는 것이다.

07. 전쟁에서는 수백만 명을 죽인 적과도 화해한다. 평화를 위해 무조건 동맹을 맺어라.

08. 미운 놈의 좋은 점만 찾아보자. 찾는 것만 보이게 된다.

09. 내가 먼저 나를 사랑하라. 자기를 사랑하는 사람은 누구라도 사랑할 수 있다.

10. 인생은 연극이다. 드라마 속 주인공처럼 연기하라.

이런 사람을
멀리하라

　리자청(李嘉城)은 아시아 제일의 부호로 홍콩에서 1달러를 쓰면 5센트는 리자청에게 돌아간다는 말이 있을 정도로 영향력이 큰 사람이다. 개인 재산이 약 30조 원인데 세탁소 점원으로 시작해서 엄청난 부를 이루었다. 지금도 5만 원 안 되는 구두를 신고 10만 원 안 되는 양복을 입으며, 비행기는 이코노믹을 탄다. 그렇게 절약한 돈으로 아시아에서 가장 기부를 많이 하는데 기부금 중 장학금만 3,000억 원이라고 한다.

　사람 때문에 거부도 되고 알거지도 되는 세상에서 리자청의 어록 중 '육불합칠불교(六不合七不交)'는 시금석이 된다. 여섯 종류의 사람과 동업하지 말고, 일곱 종류의 사람과 사귀지 말라는 내용이다. 인간은 혼자 살 수는 없기에 누군가와 관계를 맺기 마련이지만 제대로 사귀고 동업해야 한다는 중요한 메시지다. 평생 모은 재산을 사기꾼의 입에 다 털어 넣고 노숙자가 될 수도 있는 것이 현실이기 때문이다. 그 내용을 소개한다.

칠불교(七不交): 교제하지 말아야 할 사람 7

첫째, 부모에게 불효하는 자와는 사귀지 마라. 남에게도 해를 끼친다.

둘째, 불손하고 막말하며 남의 입장을 생각하지 않는 사람과는 사귀지 마라.

셋째, 시시콜콜 따지는 사람과는 사귀지 마라. 사람 피를 말린다.

넷째, 주고받는 세상에서 받기만 하려는 사람과 사귀지 마라.

다섯째, 이익 앞에 의리를 저버리는 소인배와는 사귀지 마라.

여섯째, 사람을 차별하여 우러러보거나 깔보는 사람과 사귀지 마라.

일곱째, 악랄하고 이기적인 사람을 사귀지 마라. 그런 자와 친구가 되는 건 이리와 친구가 되는 것과 같다.

육불합(六不合): 동업해서는 안 될 사람 6

첫째, 욕심이 너무 강한 사람과는 동업하지 마라.

둘째, 사명감이 없는 사람과는 동업하지 마라.

셋째, 인간미가 없는 사람과는 동업하지 마라.

넷째, 부정적인 사람과는 동업하지 마라. 나의 긍정의 힘마저 소진시킨다.

다섯째, 원칙이 없는 사람과는 동업하지 마라. 그런 자는 이익을 취하는 것만이 인생의 원칙이다.

여섯째, 고마워할 줄 모르는 사람과는 동업하지 마라. 은혜를 모르는 사람은 반드시 배신한다.

이런 사람을 멀리하라 Tip 10

01. 자기주장만 강요하는 사람은 피하라. 사람 피 말린다.

02. 불평불만이 많은 사람은 나쁜 기를 옮긴다.

03. 불효자와는 상종하지 마라. 배은망덕의 주범이다.

04. 크게 해도 될 소리를 귀에 대고 하는 사람은 간신형이다.

05. 남을 비난하는 사람을 조심하라. 다른 곳에서는 내 흉을 보는 자다.

06. 큰돈 벌게 해주겠다고 접근하는 사람. 자기나 큰돈 벌라고 하라.

07. 툭하면 화내는 사람을 가까이했다가는 화를 입는다.

08. 한 번 배신한 사람은 또 배신한다. 제 버릇 개 주는 법 없다.

09. 간이라도 빼줄 것처럼 구는 사람을 조심하라. 쉬 더운 밥 쉬 식는다.

10. 약속 어기는 사람을 피하라. 한 번은 속아도 두 번은 속지 마라.

대화에도
연습이 필요하다

"자나 깨나 불조심", "꺼진 불도 다시 보자"라는 표어는 수십 년이 지나도록 살아 숨 쉰다. 이만큼 불이 무섭다는 것을 깨우쳐 준 표어가 없었기 때문이다. 웬만한 화재는 초기에 진압하면 큰 문제가 없다. 한편, 말 한 번 잘못해서 평생 쌓은 공든 탑을 무너뜨리는 경우를 수없이 보았는데도 아직껏 말조심 표어를 본 적이 없다. 겪어 보지 않아서 심각성을 깨닫지 못한 때문인지도 모른다.

TV 뉴스로 일거수일투족이 실시간으로 전달되는 세상이다. 진실을 잃은 국회의원의 말은 독화살이 되어 그 자신에게 치명타를 먹인다. 여러 해 전 한 여성 의원이 의장 단상에 올라가 난동을 부린 사건이 있었다. 그 자리는 사람이 올라가는 자리가 아니라 의

장이 의사봉을 두드리는 자리였는데 그 위에 올라가 무당 널 뛰듯 하는 것을 보고 국민은 큰 충격에 빠졌다. 세계 각국에서 그 장면을 중계하며 '한국이 이런 나라다' 하며 손가락질했을 것을 생각하면 등에 식은땀이 난다. 여당을 매도하면서 자기 아버지는 일제 때 애국지사였다고 말한 지 얼마 안 돼 그의 아버지가 사실 일본 형사의 앞잡이로서 애국지사를 잡아들이는 일을 했다는 것이 밝혀졌다. 어떤 의원은 다른 의원에게 '공갈치지 마'라는 말을 했다가 곤욕을 치렀다. 말은 그 사람의 인격이므로 험악한 말을 자주 하는 국회의원은 의원 자격에 문제가 있다고 볼 수 있다. 대학 사회교육원과 스피치 학원에서 전문적인 교육을 받은 강사들이 말하는 방법을 가르쳐 주고 있으니, 지도자가 되려면 이런 교육을 받는 것도 좋다. 목청이나 높이고 이상한 짓거리로 정치하던 시대는 이미 지났기 때문이다.

링컨이 국회의원이었을 때의 재미있는 일화가 있다. 링컨을 우습게 본 정계의 거물이 그를 공개적으로 망신을 주려고 이런 말을 했다.

"당신 아버지가 길거리 노점에서 구두를 만들어 파는 사람이었지요?"

"네, 맞습니다. 가게를 빌릴 돈이 없어 길거리에서 팔았지만 기술은 최고였지요. 저는 그 옆에서 기술을 익혔습니다. 당신이 신고 있는 구두에 문제가 있으면 언제든지 무료로 손봐드리겠습니다."

이 일로 인해 그 정적은 야비한 사람으로 낙인찍혀 정치 생명이 끝났고, 링컨은 효자에다 아버지의 기술을 대물림한 명장(名匠)의 이미지를 얻게 되었다. 진실한가 아닌가는 말하는 것을 보면 안다. 뒤에서 이 말 저리 전하고 저 말 이리 전하는 사람은 가장 질이 나쁜 부류다. 앞에서 할 수 없는 말은 뒤에서도 하지 말아야 한다. 앞에서 말하지 못하는 건 떳떳하지 않아서 그런 것이다. 이런 사람이 존재하는 이유는 그런 말을 들어주고 맞장구치는 사람이 있기 때문이다. 험담은 세 사람을 죽인다는 말이 있다. 험담을 하는 사람, 듣는 사람, 도마에 오른 사람이다. 누가 험담을 하면 다른 화제로 분위기를 바꾸는 편이 현명하다.

또 목소리 톤이 높아질수록 뜻은 왜곡된다. 흥분하지 말고 톤을 낮추는 것이 더 힘이 있다.

대화하는 법 Tip 10

01 적게 말하고 많이 들어라. 많이 들을수록 내 편이 많아진다.

02. 듣기 좋은 소리보다 마음에 남는 말을 하라.

03. 불손한 말투는 화가 미친다. 말에도 윤활유가 필요하다.

04. 악담은 하지 마라. 덕담을 많이 하라.

05. 무덤까지 가져가기로 한 비밀을 털어놓는 것은 무덤을 파는 일이다.

06. 진심으로 잘못을 뉘우치면 진실성을 인정받는다.

07. 흥분한 목소리보다 낮은 목소리가 더 위력이 있다.

08. 시선을 맞추어라. 그래야 통하게 된다.

09. 입술의 '30'초가 가슴의 '30'년이 된다. 말 한마디가 누군가의 인생을
    바꿀 수 있다.

10. 혀를 다스리는 것은 나 자신이지만 뱉어 낸 말은 나를 다스린다.

젊어서 고생은
사서도 한다는 말

자신의 이익을 위해 나라를 팔아먹은 이완용은 자손 대대로 불명예가 따라다닌다. 그런가 하면 안중근 의사나 유관순 열사처럼 나라를 위해 목숨을 초개처럼 버린 분의 이름은 역사가 열두 번 변해도 퇴색하지 않는다. 조선조에 효자가 살았던 것을 기리기 위해 효자동이 생겼고, 청주 외곽에 효촌이란 마을도 생겨났다. 나 한 사람의 행동이 하루 이틀에 끝나는 것이 아니라 역사에 길이 남는다.

「세계일보」에 하루도 쉬지 않고 1,000회 이상 주인공을 등장시켜 칼럼을 연재하고, 이어서 「대구일보」에도 역시 1,000회를 연재하다 보니 나의 칼럼에 2,000여 명이 넘게 등장하게 되었다. 그러자 이들의 행복을 지켜주기 위해 만든 모임이 '기쁨세상'이다. 매달 한 번씩 모여 기쁨을 주고받다 보니 어느새 30여 년이 훌쩍 넘었건만 아직껏 결석한 회원이 한 명도 없다.

"한 달에 하루 충전을 하면 그 기쁨이 한 달을 갑니다."

살다 보면 누구나 문제가 발생하는데 이럴까 저럴까 돌다리를 두드리다 나를 찾아온다. 나는 선배도 되고 스승도 되니까 내게 조언을 듣고 싶은 것이다. 젊어서는 강의와 방송이 주업이다 보니 비교적 수입에 여유가 있었다. 하지만 지금은 글 쓰는 것이 주업이고 보니 제때 원고료가 나오지 않으면 당장 사무실 유지에 어려움이 생긴다.

가족들은 '기쁨세상' 때문에 고민하지 말고 철수하라고 하는가 하면, 인계하라는 사람들까지 생겨났다. 나의 어려움을 덜어주고 싶은 마음을 모르는 것은 아니지만 회원들이 원하는 것이 무엇인지를 모르면 얼마 못 가서 문 닫게 될 것은 자명한 일이다.

지출이나 비용 절감을 위해 신상현 회원은 적지 않은 나이에 자기 일도 바쁠 텐데도 자기 차로 나를 사무실 출퇴근을 시켜주고 있다. 또한, 사무실에서 회원들이 식사를 마련하는 것을 보고 제일 먼저 안용출 회원이 대형 냉장고를 사다 놓았다. 그 역시 넉넉한 형편이 되지 못하는 것을 알고 있는 내가 나무라자 그가 이런 말을 했다.

"예부터 스승과 부모 그리고 임금은 같다고 배웠습니다. 저의 집은 작은 냉장고도 상관없지만 많은 회원이 출입하는 사무실 냉장고는 커야 합니다."

고마우면서도 부담되는 것은 당연한 일인데 큰 냉장고가 들어오자 회원들은 서로 반찬이며 과일 등을 가득 채워 놓아서 부자가 된 느낌이었다.

세상문제연구소 장광수 소장은 언어문화원에 나가 김양호와 조동춘 박사에게 스피치를 배우고 김용진 박사에게 초고속 전뇌학습법의 교육을 받는다. 그 와중에 장 소장은 장애인들에게 희망은 장애를 직접적으로 극복하는 길임을 보여주려고 이들과 함께 사업을 한다. 뜻이 있으면 길이 열리고, 길이 열리면 그 길을 따라 돈이 들어오게 마련이다. 좋은 뜻이 깊은 장 소장의 앞길이 잘 열리기를 기대한다.

너나없이 취업이 힘들다고 한다. 그러나 희망을 품고 있는 사람은 더운밥 찬밥을 가리지 않는다. 고용호 씨는 어머니를 모시고 사는데 생계를 위하여 심야에 두 군데를 뛰면서 막일을 한다. 오전에 집으로 돌아와 낮에는 잠시 자고 저녁에 다시 출근하여 밤새워 일한다. 그의 꿈은 금융 사업으로 성공하는 것이다. 그는 어머니가 낮에만 방송하는 교재를 녹음해 준 것으로 공부한다. 그는 김용진 박사의 100배 능력 교육을 이수하였기 때문에 희망이 넘친다고 주장한다. 젊은 사람이 고생이다. "젊어서 고생은 사서도 한다."라는 말은 진리다. 대화에도 연습이 필요하듯 젊음에도 연습이 필요한 것이다.

노래는 아름다운
말씨다

똑같은 내용도 즐겁게 전달하는 사람이 있는가 하면, 진부하게 전달하여 청중을 수면 상태로 몰아넣는 사람도 있다. 내용도 중요하지만 전달하는 방식이 더 중요하다. 아무리 좋은 내용도 졸음이 오게 하면 좋은 평가가 나올 수 없다. 선거 연설도 재미가 없으면 하나둘 자리를 뜨게 마련이어서 연설문도 글을 재미있게 쓰는 사람에게 청탁한다. 음악은 삶의 질을 높여주고 활력을 만든다. 노래방이 성황을 누리는 것도 에너지가 충전되기 때문이다. 노인들이 있는 시설을 찾아가 노래로 봉사하는 사람들이 늘어나는 것도 좋은 일이다. 방송마다 노래가 빠지지 않는 것도 사람들에게 즐거움을 주어 시청률을 높이기 때문이다.

기업은행의 박재진 지점장은 즐거운 은행, 사랑받는 은행을 만들기 위해 점심시간을 노래하는 시간으로 만들어 고객에게 노래를 들려주고 희망자에게 마이크를 잡도록 해서 신바람을 안겨주었는데 이렇게 봉사한 횟수가 503회나 된다. 쉬는 날이면 직원들과 함께 거리 청소하기, 불우한 노인 시설과 청소년 수용 시설을 방문해 봉사하며 희망을 안겨주었다. 또한, 그린하모니 합창단을 만들어 공연한 수익금으로 어려운 사람들에게 힘을 보태주기도 했다.

중소기업을 운영하는 사람들은 대부분 영세하여 담보를 제공하기 힘들다는 것을 알고 신용대출을 가장 많이 해준 사람이 박재진 지점장이다. 그러나 자신이 책임지고 대출해 준 사람이 상환하지 못하면 그 빚을 자기가 떠안을 수도 있는 일이다. 이에 가족들은 항상 조마조마한 마음으로 살다 보니 부인이 힘든 병에 걸려 생사 지경을 왕래하기도 했다.

박재진 지점장은 정년퇴직 후에 기업을 경영하며 남서울대학교에 출강하여 '인간관계론'과 '취업과 진로', '리더십' 등을 5년간 강의했는데 언제나 인기 만점이었다. 아무리 좋은 내용도 지루하면 졸음이 오게 마련인데 다양한 예화와 함께 중간중간 노래를 곁들일 뿐 아니라 인생을 살아가며 생기는 궁금증도 속 시원히 풀어주다 보니 그의 강의를 듣는 학생 수가 점점 늘어났다. 아무리 좋은 상품도 어떻게 보여주느냐가 상품 가치를 결정하는 것과 다르지 않다.

봉사처럼 아름다운 일은 없다. 더구나 아름다운 말씨를 전달하는 것으로는 노래만 한 것이 없다. 박재진 씨는 우리나라에서 아름다운 말씨를 담은 노래로 가장 많은 시간을 봉사한 사람으로 꼽힌다. 여수 엑스포 행사 때에는 만사를 제쳐 두고 학생들과 함께 가서 봉사했다. 봉사 시간으로 대통령을 뽑는다면 단연 박재진 씨가 으뜸이다.

즐거워하면
기적이 나타난다

　골퍼는 돈을 쓰며 경기를 하지만, 캐디는 돈을 벌면서 같이 움직인다. 그러나 돈을 쓰는 사람들은 신나게 웃으며 경기를 하는데 돈을 버는 캐디의 표정은 밝지 않다. 같은 잔디 위를 걸어가면서 캐디들은 노동을 한다고 생각하지만 골퍼들은 운동을 한다고 생각한다. 생각의 차이가 즐거움이냐 의무감이냐의 차이를 만든다. 일이 보람인 사람은 인생이 천국이고, 일이 의무인 사람은 인생이 지옥이 되는 것이다.

　노조는 매년 머리에 붉은 띠를 매고 '임금을 인상하라'며 투쟁한다. 노조의 자산이 기업의 자산보다 적지 않다. 도산하는 기업은 생겨나도 노조의 자산은 매년 늘어난다. 귀족 노조는 상상을 초월하는 임금을 받고 자식에게까지 일자리를 물려주면서도 투쟁을 계속한다. 이것이 바로 갑(甲)과 을(乙)의 사고 차이다. 임금을 아무리 많이 준다 해도 을의 사고는 변하지 않는다.

보훈병원에는 6·25전쟁 때 불구가 되어 아직까지 병상에 누워 있는 사람들이 있다. 그러나 국가를 상대로 소송을 했다는 말은 들어 보지 못했다. 참전해서 불구가 된 국가유공자는 매달 돈을 받는다. 그 돈으로는 생계유지도 힘들 테지만 시위하거나 불만을 터뜨리지 않는다. 오히려 같이 싸우다가 먼저 간 전우에 대해 미안함을 갖고 있다.

양원주부학교 봉사단에서는 설날이 되면 떡과 선물을 들고 마포 지역의 6·25 참전용사를 찾아가 그분들의 이야기를 열심히 듣고 기록한다. 가족도 없이 외롭게 사는 분이 대부분이지만 나라를 사랑하는 마음은 그때나 지금이나 변함이 없다. 휴전선에 매설된 지뢰 때문에 불구가 되었다는 참전용사 두 분은 평생 나라 위하는 일에 목숨을 바치겠다고 한다. 그들의 결의가 대단하다. 이것이 군인 정신이다.

유인선 군은 모범 병사로 모든 일에 제일 먼저 움직여 수시로 포상 휴가를 받곤 했다. 그는 휴가를 나간 날이면 옷을 갈아입고 아르바이트를 간다. 워낙 성실히 일해서 그를 찾는 단골도 생겼고 주인의 신임도 대단하다. 그렇게 일해서 모은 돈을 혼자 고생하는 어머니에게 주고 귀대한다. 휴가 기간이 길면 시골에서 농사짓는 할아버지와 할머니를 돕기 위해 농사꾼이 된다. 자기에게 주어진 시간을 모두 일하는 시간으로 정한 것이다. 대학 졸업반인 그는 학교 앞에 가게를 냈는데 방학 때는 가게 문을 닫고 아르바이트를 한다. 그런데 놀랍게도 다른 사람과 같은 시간을 일해도 매출은 거의 갑절 가까이 된다. 다른 점원들은 손님이 물으면 그제야 대답을 하는데 유인선 군은 자기가 먼저 다가가서 말을 거는 것이다. 이것이 바로 주인 정신이다. 주인답게 일하는 사람은 틀림없이 주인이 된다. 하나를 보면 열을 안다고 틀림없이 미래에 위대한 경영자가 되리라는 생각이 든다.

어떤 일이 생기면 언제나 '~때문에'라고 원망하며 불행의 책임을 남에게 돌리는 사람은 불행에서 벗어나지 못한다. 그러나 '~덕분에'라는 말을 쓰는 사람은 승리자가 된다. '때문에'는 화를 끌고 오는 말이고 '덕분에'는 복을 끌어오는 말이기 때문이다. 즐겁게 살려면 상대를 진심으로 칭찬하는 일도 중요하다. 상대를 늘 기분 좋게 만들면 나에 대해서 좋은 감정을 갖게 되겠지만, 잘난 척하면 나를 도와줄 수 있는 사람들로부터 고립되고 만다.

즐기면서 일하기 위한 Tip 10

01. 자신을 극복하라. 오르고 또 오르면 못 오를 리 없다.

02. 즐거운 상상의 날개를 펴라. 대뇌는 현실과 상상을 분간하지 못한다.

03. 즐겁고 신나는 노래를 불러라. 신나는 노래는 행복과 성공의 행진곡 이다.

04. 남의 잘됨을 배 아파하면 운이 도망간다. 사촌이 땅을 사면 즐거워 하라.

05. 자신을 발전시키기 위해 노력하라. 노력 끝에 성공이 찾아온다.

06. 독서를 통해 새로운 경험을 하라. 나는 한 달에 100권 넘는 책을 독 파한다.

07. 끊임없이 도전하라. 도전하지 않으면 도피자가 된다.

08. 오늘과 내일은 계좌가 다르다. 내일은 내일의 태양이 기다린다.

09. 당장 해결할 수 없는 문제도 있다. 한숨 자고 생각하라.

10. "나는 운이 좋다"고 외쳐라. 행운은 스스로 운이 좋다고 믿을 때 찾 아온다.

안아주면
기적이 나타난다

서양에서는 아이를 따로 침대에서 재우지만 우리는 안아서 재운다. 안아주면 편안함을 느끼는 동시에 정서가 안정된다. 우리나라가 세계에서 IQ가 높은 나라 중 하나인 것도 안아서 키우는 것과 관련이 깊다. 자지러지게 울던 아이도 업거나 안아주면 울음을 뚝 그치는 것은 우연이 아니다. 우리나라 의료계의 거목 이길녀 박사는 인천에서 이길녀 산부인과로 출발해 하루에 150명의 아이를 받았다. 그는 아이가 태어나면 가장 먼저 엄마 가슴에 안겨서 심장박동 소리를 듣게 했다. 이미 그 시절에도 어떤 소리를 가장 먼저 접하느냐에 따라 성품이 달라진다는 것을 그는 알고 있었던 것이다.

스웨덴의 한 연구 기관에서 손자를 안아서 키우는 할머니 1,000명을 대상으로 '안아주기' 효과를 조사한 결과, 950명의 할머니가 그렇지 않은 할머니에 비하여 신체 나이가 10년 이상 젊다는 사실이 발견되었다.

에모리 대학교 연구 팀에 따르면, 유아기에는 특히 스킨십과 스트레스가 아주 밀접한 관계를 갖고 있어서 어릴수록 자주 안아주는 것이 좋다고 했다. 내가 KBS-TV 〈퀴즈탐험 신비의 세계〉에 출연해 퀴즈의 답을 맞혀서 1등이 된 적이 있었다. 그때 사람만 한 크기의 곰인형을 상으로 받았는데 당시 고3병으로 정서 불안에 시달리던 아들에게 선물로 주었더니 표정이 달라지고 그 후 성적도 향상되었다. 아들은 곰인형을 안고 자고, 힘들면 품에 안고 대화를 나누면서 스트레스를 해소했던 것이다.

S일보 S사장은 고3 아들이 밤늦게 학원에서 돌아올 때까지 거실에서 책을 읽다가 초인종 소리가 나면 뛰어나가 현관문을 열고 아들을 꼭 안아주었다. 그 후 S사장의 아들은 S대에 수석 입학했다. 안아주면 스트레스 호르몬인 코르티솔의 수치가 떨어지기 시작한다. 수험생 자식이 귀가해도 TV에만 정신이 팔려있는 부모는 생각해 볼 여지가 있다.

A보험사의 실적이 저조한 지점에 강의를 갔을 때 일이다. 지점장에게 FC들이 활동을 나갈 때 엘리베이터 앞까지 나가 안아주기를 해보라고 조언한 적이 있었다. 뒤에 매달 꼴등을 벗어나지 못했던 지점이 3위 안으로 진입했다는 말을 들었다.

결혼 50년이 되었지만 지금도 집을 나설 때 아내와 서로 안아준다. 안아주면 신뢰감과 평화와 사랑이 가득해진다. 이것을 알고 모 방송국 아침 프로그램에서 찾아와 촬영을 한 적도 있다. 리포터가 아내에게 물었다.

"옛날에는 많이 싸우셨다는데 지금도 부부 싸움을 하시나요?"

"물론 하지요."

"그럼 부부 싸움을 한 날도 안아주기를 하십니까?"

"당연하지요. 부부 싸움은 사적인 일이지만 안아주기는 공적인 일이니까요."

안아주기로 기적을 일으키는 Tip 10

01. 분양된 강아지는 밤새 운다고 한다. 그럴 때 곁에다 탁상시계를 두면 어미의 심장박동 소리로 알고 잠든다.

02. 자지러지게 울던 아이도 업거나 안아주면 울음을 그친다.

03. 한류 붐은 어렸을 때 안아서 키운 것과 관계가 깊다.

04. 품에 안고 우유를 먹이면 성품이 온화해진다.

05. 김혜경 교수는 매월 21일에 안아주기 행사를 하는데 늘 사랑이 넘친다.

06. 손자를 안아서 키우는 노인들은 안아주는 행위로 신체 나이가 10년 이상 젊어진다.

07. 노인이 되면 쇠약해지고 외로움을 느낀다. 부모님을 찾아가 안아 드리자.

08. 배우자가 사망하면 안아줄 대상이 없어 금방 사망하는 것이다.

09. 국회에서 안아주기 특별법을 제정하면 국회도 화기애애해질 것으로 확신한다.

10. 노인 복지 시설에 봉사 갔을 때 안아주기부터 해보라. 그게 진정한 복지다.

끝까지
살아남기

나는 스스로가 불행하다고 하는 사람에게 행복에너지에서 펴낸 강순교의 『나의 살던 고향은』을 한 권씩 읽게 한다. 읽고 나서 생각 이 바뀌어 나를 다시 찾아오면 선물을 주겠다고 공표했다. 일제가 꽃다운 나이의 여성들을 정신대로 잡아가자 주인공은 만주로 도망 쳐 인간으로서는 상상하기 힘들 정도의 고난을 겪는다. 해방이 되 어 북에 있었던 그녀는 탈출을 시도하다가 잡히고 또다시 탈출을 시도하다가 잡혀 죽음보다 더 힘든 고초를 겪는다. 마침내 주인공 은 남한에 정착해 경기도 이천에서 살게 된다. 죽고 싶다는 사람도 이 책을 읽고 나면 자신이야말로 행복하다는 것을 깨우치고 새로 운 출발을 하게 된다. 죽을 때까지는 죽은 것이 아니다.

청년 실업으로 일자리 창출이 기업의 화두가 되었지만, 취업이 된다 해도 앞날이 그렇게 녹록지는 않다. 언제 구조조정되거나 감원 바람이 불지 몰라 하루하루 직장인들이 느끼는 스트레스가 이만저만이 아니다. 고등학교 때는 대학만 들어가면 된다고 머리를 싸매고 공부했는데 막상 대학 졸업반이 되고 보니 취업 문제로 머리에 쥐가 난다. 운 좋게 직장에 들어가도 고민은 줄어들지 않는다. 상사에게 억울하게 당하거나 동료들과 불화가 생겼을 때 당장이라도 사표를 쓰고 뛰쳐나오고 싶은 심정이지만 그렇다고 갈 데가 있는 것도 아니다. 잘나가는 동기생을 만나도 그들 역시 똑같은 고민을 안고 살아간다는 것을 알게 된다.

직장은 총칼만 들지 않았을 뿐 전쟁터다. 전쟁터에서 총에 맞거나 지뢰를 밟으면 피를 흘리지만, 직장에서는 수없이 많은 영혼들이 피를 흘린다. 살자니 고생이고 죽자니 청춘이다. 원망을 하다 보면 끝없이 불평불만이 쏟아져 나오고 해답과는 점점 거리가 멀어진다. 이런 답답함은 취업자나 취업 준비자나 젊은이들이나 모두 겪는 공통된 아픔이다. 직장을 구하지 못하면 당장 아르바이트라도 뛰어야 한다. 그렇게 해서 학자금 대출을 갚아 나가지 못하면 당장 신용불량자로 전락하고 만다.

이런 고민을 하는 지방대 출신 젊은이 5명이 내 이야기를 듣고 싶다고 찾아와 자신들이 얼마나 불행한 시대에 태어났는지를 털어놓기 시작했다. 그중 한 젊은이는 거의 기진맥진한 상태였는데 알고 보니 사흘을 굶었다는 것이다. 마침 그날 입금 받은 원고료가 있어 먹고 싶은 것을 말하라고 했더니 너나없이 치킨이라고 했다. 그날, 치킨과 맥주 그리고 내가 좋아하는 스낵면을 한 냄비 끓여 나눠 먹으며 지나온 얘기들을 들려주었다.

"밥이 있어도 먹은 셈 치고, 입고 싶은 것이 있어도 입은 셈 치고… 셈 치고 살다 보니 수입이 적어도 빚지지 않고 지금껏 살아온 거야. 친구들은 은퇴한 지 20여 년 지났는데 나만 현역으로 살고 있어. 나이 들어 보니 일처럼 소중한 게 없어 현역을 선언했네. 내가 나를 고용했기에 구조조정 걱정도 없고 남들이 받는 스트레스도 받지 않아. 나는 내가 하고 싶은 대로 살고 있어. 스트레스도 받을 필요도 없지. 월급 많이 받고 넓은 아파트에 산다고 승리자가 아니야. 끝까지 살아남는 사람이 승리자야."

끝까지 살아남는 Tip 10

01. 찬밥 더운밥 가리지 마라. 배 속에 들어가면 찬밥도 더운밥 된다.

02. 긍정의 힘을 믿으면 소망대로 성취된다.

03. 누구하고든 잘 지내라. 그래야 무병장수한다.

04. 일을 즐겨라. 일은 차원 높은 오락이다.

05. 수입의 10퍼센트는 책을 사라. 나를 성장시키는 효자는 책밖에 없다.

06. 돈은 꼭 쓸 데 써라. 안 써도 좋을 데는 1,000원도 쓰지 말고 저축하라.

07. 주어진 시간을 값지게 사용하라. 시간은 생명이다.

08. 수입의 일정 액수는 봉사에 사용하라. 하늘이 나를 돕는다.

09. 나보다 나은 사람과 교제하라. 나도 모르는 사이에 몸값이 높아진다.

10. 장단기 목표를 세우고 그에 맞게 살아가라. 나는 지금껏 그렇게 살고
있다.

2장

명사들의 흥하는 말씨와 성공 언어

Your words
become
Your destiny

이익을 수반하지 않은 명성은 한 푼의 가치도 없다.

_M. 세르반테스

걱정해서 걱정이 사라지면
걱정이 없겠네

미국의 소설가 너대니얼 호손(Nathaniel Hawthorne)은 여러 해 동안 다니던 직장에서 밀려나자 하늘이 무너질 것처럼 암담했다. 당장 가족의 생계도 문제였지만 아내가 상처받을 일이 더 큰 걱정이었다. 그러나 아내의 반응은 예상외였다.

"잘됐네요. 당신은 직장 생활에 맞지 않는 사람이라 언젠가 이런 날이 올 줄 알고 매달 가져다준 월급에서 30퍼센트를 떼어 저축해 두었어요. 이 돈이면 3년은 충분히 먹고살 수 있으니 이제부터 당신이 쓰고 싶어 했던 소설을 맘껏 써 보세요."

호손은 그날부터 두문불출하고 글을 쓰기 시작했고 이때 탄생한 소설이 후에 노벨문학상을 수상한 『주홍글씨』였다. 『주홍글씨』는 지금까지도 19세기 미국 문학사상 최고의 걸작으로 꼽히고 있다.

사람은 제각각 자기 나름의 고유한 능력을 지니고 있다. 자기가 믿는 대로 된다는 확신을 가진 임요한 목사는 노래와 춤으로 선교를 하는 특별한 목사다. 그의 꿈은 노벨상을 받는 것이다. 지금까지 자기가 마음먹은 것 중에서 되지 않은 것이 없었다고 한다. 요즘은 다른 일은 다 제쳐 두고 노벨상을 받기 위해 전력을 다하고 있다.

꿈은 반드시 이루어진다. 자기가 자기를 믿고 자기를 격려해 주자. 꿈을 이룬 모습을 상상하기만 하면 된다. 정신일도하사불성(精神一到何事不成)이다. 임요한 목사가 노벨상을 탈 수 있다고 확신을 가지는 것은 김용진 박사와의 만남 때문이기도 하다. 평생 두뇌개발을 연구하여 대뇌, 소뇌, 간뇌까지 활용해 기적을 만드는 법을 창안한 김용진 박사의 목표는 대한민국에서 100명에게 노벨상을 타게 하겠다는 것이다. 김 박사는 영어 책을 거꾸로 놓고 5분 안에 읽고 해독하는 능력을 훈련을 통해 보여준 바 있다. 김용진 박사의 지도로 학교의 열등생들이 우등생이 되고 해외의 명문 대학에도 쉽게 합격하는 것을 두 눈으로 보았던 것이다. 만일 우리나라가 노벨상 강국이 되면 세계에서 한국의 위상은 달라질 것이다. 애국이 다른 것이 아니다. 독서 왕국인 일본에서는 직장인들이 노벨상을 받은 사례도 있다. 독서의 힘이 그만큼 대단한 것이다.

물론 임요한 목사의 꿈이나 김용진 박사의 의지가 무모해 보일 수도 있다. 목표의 상징일 수도 있다. 그러나 대부분의 사람들은 해보지도 않고 미리부터 포기한다. 해보나 마나 뻔하다고 생각하기 때문이다. 절대 절망은 절대 희망을 내포하고 있어 화(禍)라고 생각한 것이 복(福)으로 변해 전화위복이라고 말한다. 잡다한 근심 걱정도 자신을 황폐하게 만들지만 감사의 분량이 많아지면 인생 역전이 가능해진다. 안 될 이유가 있다면 될 이유도 있는 것인데 대부분의 사람들은 안 될 이유에 집착한다.

어니 젤린스키(Ernie Zelinski)는 걱정에 대해 연구를 한 심리학자이다. 그의 걱정에 대한 연구를 보면, 걱정의 40퍼센트는 절대 일어나지 않을 일이고, 30퍼센트는 이미 일어난 일에 대한 것이며, 22퍼센트는 지나치게 사소한 것이라고 한다. 뿐만 아니라 걱정의 4퍼센트는 우리 힘으로는 어쩔 도리가 없는 것이며, 걱정의 4퍼센트는 우리가 바꿀 수 있는 것이라고 한다. 걱정으로 해결될 일이라면 남의 걱정까지도 하청받아서 해야겠지만 쓸데없는 걱정으로 인생을 낭비하는 것이 대부분이다.

돈이야 다시 벌면 되지만 낭비한 인생은 회수할 수 없다. 그런데도 돈을 잃으면 가슴을 치면서도 생명의 시간을 잃고 가슴 치는 사람은 없다. 눈에 보이는 한강 물은 퍼다가 쓰면 줄어든다는 것을 알면서도 시간은 눈에 보이는 것이 아니어서 무한대로 착각한다.

걱정과 갈등은 집착 때문에 생기지만 생각을 바꾸면 약점도 장점으로 변하고 감사할 일이 나타나게 된다. 하루에 5개씩 감사할 일을 노트에 기록하고 읽어 보자. 10년 넘게 하루 5개씩 쓰는 사람들은 너나없이 일취월장하고 승승장구한다. 감사(Thank)는 생각(Think)으로부터 온 말이어서 생각을 바꾸면 감사하지 않을 일이 없다.

꿈 이루기

지상에는 차가 다니는 길과 사람이 다니는 길이 따로 있고, 하늘에는 비행기가 다니는 길인 항로가 있다. 바다라고 해서 다를 것이 없다. 함부로 다니다가 암초에 부딪혀 좌초되는 경우가 있어 배는 뱃길을 따라 항해한다. 사람도 바람 부는 대로 물결치는 대로 살다가는 언제 침몰당할지 아무도 모른다. 미국의 워런 버핏은 매년 1조 원이 넘는 돈을 자선사업에 쓰는데 작년에는 2조 원이 넘는 돈을 내놓았고, 그동안 사회를 위해 내놓은 돈이 45조 원이 넘는다. 목숨 걸고 부정을 행하며 돈을 모은 사람의 눈에는 비정상으로 보일 것은 말할 나위가 없다.

버핏과 식사를 하면서 인생과 사업을 논하고 싶은 사람들이 줄을 서자, 버핏은 매년 '버핏과의 점심'을 경매에 내놓아 가장 높은 금액을 써 낸 사람과 점심을 먹고 전액을 자선사업에 사용한다. 작년에 버핏과의 점심 낙찰 가격은 22억 2,000만 원. 버핏과 점심을 먹기 위해서는 22억 원도 아깝지 않다는 이야기다. 하루는 버핏의 전용 비행기 조종사가 버핏과 단둘이 대화를 나눌 기회가 있어 그에게 자신의 목표에 대해 여러 가지 이야기를 했다. 버핏이 물었다.

"자네가 가정, 직장, 사회에서 가장 중요하다고 생각되는 목표 25가지를 종이에 적어 보게."

조종사는 고민에 고민을 하며 자신의 목표 25가지를 모두 적었는데 그것을 본 버핏은 다시 말했다.

"이 가운데 정말 중요하다고 생각되는 목표 5가지를 골라 동그라미를 쳐 보게."

조종사로서는 모두가 중요해서 난감했지만 고민 끝에 5가지에 동그라미를 친 다음 자랑스럽게 말했다.

"이제 제가 당장 무엇을 해야 하는지 알겠습니다. 지금부터 5가지 목표에 집중하겠습니다."

"그럼 동그라미 치지 않은 나머지 목표들을 어떻게 할 건가?"

"나머지 20가지도 놓칠 수 없는 목표이니 시간 날 때마다 틈틈이 노력해서 이루도록 하겠습니다."

"가장 중요하다고 생각하는 5가지 목표를 전부 달성하기 전까지 20가지 목표에 관심을 기울이면 안 되네."

'선택하여 집중하라'는 말은 지금까지 인생의 목표조차 세우지 않은 채 되는 대로 살아오지는 않았는지 되돌아보라는 말로 생각해야 한다.

빙상의 여왕 김연아, 기계체조의 손연재, 골프 여제 박인비, 축구의 박지성, 야구의 박찬호 등등의 선수들을 보자. 그들은 자기가 좋아하는 한 가지에 집중한 사람들이다. 여러분도 버핏의 조종사처럼 인생의 목표에 대해 써 보라.

꿈을 이루기 위한 Tip 10

01. 잠자면 꿈꾸지만 눈뜨고 꿈꾸면 꿈을 이룬다.

02. 자기를 격려하라. 자신이 최고의 응원단이다.

03. 하루하루 성장하라. 성장하지 못하면 퇴보한다.

04. 남을 부러워 마라. 남과 나는 갈 길이 다르다.

05. 성장 일기를 써라. 쓰면서 힘이 생긴다.

06. 자기에게 포상하라. 군인은 훈장을 위해 목숨을 건다.

07. 이루어진 상상을 반복하라. 놀라운 변화가 일어난다.

08. 대한 독립 만세를 불러라. 만세는 성취의 증거다.

09. 성취인들의 모임에 참석하라. 성취가 가속화된다.

10. 긍정 에너지의 주인이 되어라. 주인이 되는 순간 역사가 달라진다.

도전하라

병 중에 가장 큰 병은 실패병이다. 암은 수술로 고칠 수 있지만, 실패병에 걸리면 돌다리만 두드리다가 한 발짝도 앞으로 나아가지 못한다. 혹시 다리를 건너다 큰 사고를 당할지 모른다는 생각 때문이다. 전시에 적군이 두려워 도망치는 병사는 즉결 처분된다. 적군의 총에 죽느냐 사느냐는 50 대 50이다. 그러나 즉결 처분은 100퍼센트 죽음이다. 실패병을 고치는 유일한 치료법은 자각이다. '안 되는 게 어디 있어?' 하며 성공한 연예인도 있다. 할 수 있다는 깨달음이 생겼을 때는 치유가 가능하지만 실패병 환자가 되면 끊임없이 안 될 이유를 찾기 때문에 될 이유가 보이지 않는다. 될 이유를 찾는 사람은 어떤 어려움이나 난관도 그의 앞을 가로막지 못한다. 0.1퍼센트의 가능성에도 열정으로 도전하기 때문이다.

　세계 역사상 가장 위대한 승리자는 칭기즈칸이다. 그의 지나온 과정을 살펴보자. 아홉 살에 아버지를 잃고 마을에서 쫓겨나 들쥐를 잡아먹으며 연명했다. 일평생 목숨을 건 전쟁이 그에게는 직업이자 일이었다. 그림자 말고는 친구도 없었고, 휘하의 병사는 10만 명, 백성은 어린아이와 노인을 합쳐 200만 명도 되지 않았다. 배운 것 없고 힘도 없어 자신의 이름조차 쓸 줄 몰랐으나 남의 말에 귀 기울이면서 현명해지는 법을 배웠다. 너무 막막해서 포기해야 할 지경이었지만 목에 칼을 쓰고도 탈출했고, 뺨에 화살을 맞고 죽다 살아나기도 했다. 적은 밖에 있는 것이 아니라 자기 안에 있었다. 거추장스러운 것들을 깡그리 쓸어 버리고 극복한 순간 그는 칭기즈칸이 되었다.

도전하여 성공하기 위한 Tip 10

01. 안 될 이유가 있다면 될 이유도 있다. 방법을 바꿔라.

02. 창조주의 혈통임을 자각하라. 불가능은 존재하지 않는다.

03. 열 번 찍어 안 넘어가는 나무가 있다면 열한 번 찍어라.

04. 도전자가 되어라. 도망자는 평생 도망만 다니다가 인생 끝난다.

05. 에디슨을 멘토로 삼아라. 그는 1만 번의 실험 끝에 백열등을 발명했다.

06. 프로가 되어라. 프로가 못 되면 포로가 된다.

07. 실패자의 말을 귀담아듣지 마라. 그것은 악마의 속삭임이다.

08. 재미 삼아 일하라. 재미를 붙이면 사는 게 천국이다.

09. 힘들면 기뻐하라. 힘들다는 '힘이 들어온다'의 약자다.

10. 희망을 잃지 마라. 희망의 나무에만 희망이 꽃핀다.

도전하여
승리하라

　대학생이나 군인 등 젊은 친구는 물론이고 나이 든 어른들도 취업 문제로 심각한 갈등을 겪는다. 누구는 좋은 직장에 척척 붙는데 나는 왜 자기소개서를 들고 몇 배를 뛰어다니는데도 감감무소식일까.

　모두가 부러워하는 직장에 들어갔는데 얼마 안 지나 그만두는 경우도 허다하다. 좋아하는 일을 하면서 수입도 좋다면 금상첨화일 테지만, 수입은 좋은데 하기 싫은 일을 한다면 지옥이 따로 없을 것이다. 그런데 많은 사람들이 수입도 적은데 하기 싫은 일을 해야 하는 불지옥에서 몸부림친다. 불지옥에서는 한시바삐 탈출해야 살아날 수 있다. 수입은 적어도 좋아하는 일이라면 희망이 있다.

　젊다는 것은 도전할 힘이 있다는 말이다. 희망을 가지고 도전하면 기적 같은 일들이 생겨난다. 다시 일어설 수 없을 것 같을 때 포기하지 않으면 뛸 수 있는 힘이 생기고 날 수 있는 능력이 더해진다. 성공은 특별한 사람이 아니라 포기하지 않는 사람에게 어느 순간 찾아온다. 어려움에 부딪치면 문제와 싸우거나 포기하지만, 문제는 해결해야 할 뭔가가 아니라 깨달을 필요를 알려주는 중요한 손님이다.

차라리 죽고 싶다는 사람들이 하루에 몇 명씩 보인다.

"더는 인생에서 기대할 게 없다고 느낄지 모르겠지만 인생은 당신에 대한 기대를 버리지 않고 있습니다. 어딘가에는 틀림없이 당신을 필요로 하는 무언가가, 누군가가 있기에 결코 인생을 포기해서는 안 됩니다."

눈이 앞에 달려 있고 팔다리가 있다는 것은 목표를 보고 달려가라는 신의 뜻이다. 돌다리를 두드리기만 하라는 뜻은 결코 아니다. 꿈꾸는 것을 이루기 위해 도전하고, 장애물을 극복하기 위해 노력하는 과정이 의미 있는 인생을 만든다. 마음대로 풀리지 않는 인생이라는 문제에 늘 도전하다 보면 흥미진진한 게임으로 변한다.

'도전 한국인 운동본부'(본부장 조영관 박사)에서는 해마다 '도전 한국인'을 뽑아 시상한다. 모두가 힘들다고 포기할 정도의 문제들에 과감히 맞서 승리한 사람들을 찾아 포상하는 것이다. 나는 2014년

7월 8일에 '도전 한국인'으로 뽑혀 한국판 기네스 인증, 대한민국 최고 기록을 인증받았다. 모두가 안 된다고 말할 때 나는 안 된다는 말을 해본 적이 없다. 말하는 대로 된다는 것을 알기 때문이다.

도전하여 승리하기 위한 Tip 10

01. 편견의 벽을 깨뜨려라. 독일은 분단의 벽도 깨뜨렸다.

02. 긍정적인 말만 사용하라. 1만 번 반복하면 말대로 된다.

03. 관점을 바꿔라. 많이 읽고, 많이 생각하고, 많이 관찰하라.

04. 끊임없이 기도하라. 기도는 절대자와 연결되는 직통전화다.

05. 알고 보면 인생은 놀이터다. 놀이는 즐기는 것이다.

06. 부정적인 생각을 폐기하라. 일은 항상 생각한 대로 되어 간다.

07. 남들과 다른 세상을 보라. 남들이 미처 보지 못한 것을 간파해 낼 수 있다.

08. 길이 없으면 길을 만들라. 내 생각을 필요로 하는 일은 어디든지 있다.

09. 숨은 공을 쌓아 가라. 인생이라는 귀중한 선물을 받게 된다.

10. 포기하고 싶을 때 성진우의 노래를 반복해서 불러라. "포기하지 마."

문제아
새사람 만들기

김한태 교장에게는 많은 일화가 있다. 한번은 전과 13범의 조폭 두목이 학생으로 입학했다. 그 학생은 여름엔 반바지에 러닝셔츠 차림으로 날마다 소주 한 병을 꿰차고 와서는 교문 앞에서 동생뻘 되는 학생들에게 "90도 각도로 절하지 않으면 등교 못 해!" 하며 공포 분위기를 조성했다. 학생들이 불평불만을 터뜨리자 교사들은 회의를 열어 그 학생을 퇴학 조치하기로 결정하고 교장 선생님에게 회의 결과를 보고했다. 그러나 교장은 말썽은 부리지만 날마다 학교에 오는 것이 신통해서 도저히 그 학생을 포기할 수 없었다. 교장은 학생을 교장실로 불렀다.

"여보게, 동생 같은 학생들인데 좀 잘 해주게."

"당신이 뭔데 나한테 이래라저래라 하는 거야!"

그래도 교장은 포기하지 않았다. 30년간 야학을 해 오면서 어려운 학생들을 선도한 경험이 있어 기어코 그 학생을 변화시키고 싶었던 것이다. 교장은 학교 행사가 있을 때면 그에게 책임을 맡겨 일을 진행하게 하고 개교기념일에는 표창장을 주었다.

표창장

이 학생은 앞으로 선행을 할 가능성이 있으므로

이 상을 주어 표창함.

종이 한 장만 달랑 주면 혹시 찢어 버릴지 몰라 근사하게 액자에 넣어서 주었다. 상장을 본 그의 부모님은 감격에 목이 메어 "세상에 우리 아들이 상을 다 받아 오다니" 하며 동네 잔치를 열고, 액자를 거실 한가운데 걸어 두었다. 그 후 놀랍게도 그 학생은 서서히 변해서 자격증을 3개나 따고 전문대학에도 입학했다.

문제아를 새사람 만드는 Tip 10

01. 문제아는 저절로 만들어지지 않는다. 문제 부모 밑에서 문제아가 생겨난다.

02. 문제아도 인간이다. 인격을 존중하라.

03. 군대에 다녀와 효자가 된 문제아도 많다. 좋은 경험을 접목시켜라.

04. 좋은 책 100권을 읽게 하라. 새로운 인격으로 변화한다.

05. 사랑으로 감동시켜라. 사랑은 기적을 만들어 준다.

06. 좋은 친구를 울타리로 삼아라. 나쁜 친구는 퇴출시켜야 한다.

07. 지속적으로 꿈을 심어 주어라. 하루하루 달라진다.

08. 비난이나 야단은 절대 금물. 격려와 칭찬으로 변화시켜라.

09 일관성 있게 대해 주어라. 결코 희망을 잃어서는 안 된다.

10. 끝까지 믿어 주어라. 믿음은 기적을 만든다.

알렉산드로스 대왕의
리더십

제2차 세계대전 승리의 주역이자 미국 대통령으로서 탁월한 리더십을 발휘했던 아이젠하워에게 기자들이 리더십의 비결을 물었다. 아이젠하워는 책상 위에 20센티미터 길이의 실을 늘어 놓고 뒤에서 밀어 보라고 했다. 기자들이 실을 밀어 보았지만 실은 구부러지기만 할 뿐 당연히 밀리지 않았다. 아이젠하워가 실을 자기 앞으로 끌어당기자 쉽게 끌려왔다.

"사람들 앞에서 이끌면서 모범을 보여주지 않으면 안 됩니다. 가축은 뒤에서 몰아야 하지만 사람은 이끌어야 합니다."

솔선수범하는 알렉산드로스 대왕 리더십이 있다. 알렉산드로스는 인적 자원을 활용하는 데 천재적인 소질을 갖고 있었다. 1만 명에 달하는 병사의 이름을 거의 다 알고 있었으며, 전쟁을 하는 동안 병사들과 함께 먹고, 마시고, 잠을 잤다.

의료 교육을 받은 그는 전투가 끝나고 나면 몸소 병사들의 상처를 치료해 주었다. 자신이 큰 부상을 입었을 때에도 병사들의 상처를 먼저 돌보고 난 후에야 치료를 받았다. 알렉산드로스는 수많은 전투에서 항상 선두에 서서 승리를 만들었다. 확신에 찬 그의 태도는 부하들로 하여금 죽음을 두려워하지 않는 '신의 군대'로 거듭나게 했고, 싸울 때마다 승리하는 신화를 창조했다. 페르시아의 다리우스 대제와 맞섰던 가우가멜라 전투에서 5만 대 25만이라는 병력의 절대적 열세 탓에 참모들이 철군하자는 의견을 냈을 때에도 그는 신념을 꺾지 않았다.

"우리는 내가 없어도 흔들림 없이 전투를 치를 수 있지만, 페르시아 군대는 다리우스 대제만 없으면 무너진다."

페르시아 군대를 분산시키는 계책을 제시하고, 자신은 가장 위험한 '다리우스 대제 공격조'의 선봉에 섰다. 결과는 알렉산드로스의 승리였다. 다리우스 대제가 피신하자 페르시아 대군은 일시에 무너졌다. 다리우스는 알렉산드로스의 끈질긴 추격전에 지친 부하들에게 죽임을 당했다. 국가든 기업이든 가정이든 그 조직을 이끄는 지도자들의 솔선수범이 없다면 아무리 떠들어 봐야 허공의 메아리일 뿐이다.

나는 아이들이 학교에 다닐 때 한 번도 "공부해라" 소리를 한 적이 없다. 내가 주로 한 말은 "쉬었다 해라"였다. 몇 시간씩 책상 앞에 앉아서 공부하는 것은 고문과 다를 게 없다. 학교에서 하는 50분 수업, 10분 휴식이 과학적인 방법임을 나는 안다. 아이들이 공부할 때 나는 책을 읽거나 원고를 쓴다. 함께 공부하는 동업자라는 생각을 심어 주기 위해서다. 전구를 오랫동안 켜 놓으면 흐려진다. 이때 몇 분이라도 껐다가 켜면 다시 밝아지는 것을 알 수 있다. 쉬는 시간이란 바로 이처럼 충전을 위한 시간이다.

우리나라 학생들의 건강 상태가 심각하다. 충전은 안 하고 끊임없이 방전만 시켰기 때문이다. 쉬는 시간에는 가벼운 맨손체조를 하거나 노래를 불러도 좋다. 자녀가 잠시라도 쉬는 꼴을 못 보는 부모는 악덕 부모라 할 수 있다.

자녀를 우등생으로 만들어 주는 알렉산드로스식 Tip 10

01. 책상 위를 깨끗이 정돈하라. 지저분하면 집중에 좋지 않은 영향을 미친다.

02. 심호흡을 세 번 하고 책을 펴게 하라. 마음이 진정되어야 집중력이 높아진다.

03. 부모가 솔선수범하라. 자녀는 공부하는데 부모가 TV를 보면 위화감이 생긴다.

04. 다 같이 공부하라. 숯불도 하나일 때와 세 개일 때 화력에 큰 차이가 난다.

05. 칭찬, 격려가 보약이다. 히딩크를 생각해 보라.

06. 즐겁게 공부하면 공부도 오락이다. 점수 벌레를 만들지 마라.

07. 잘하면 포상하라. 상처럼 신나는 건 없다.

08. TV, 인터넷, 스마트폰은 공부의 3대 적이다. 적을 소탕하라.

09. 웃음 치료사가 되어라. 활기차게 3분 웃으면 집중력도 3배 높아진다.

10. 부모는 긍정적인 언어만 사용하라. 부정적인 말 한마디가 부정 타게 만든다.

나쁜 버릇
고치기

부부 싸움을 할 때 아내들은 "제발 그 버릇 좀 고쳐요." 하고 공세를 퍼붓는다. 그 버릇이 무엇인지는 모르지만 아내의 눈에 거슬리는 버릇이 계속 나타난다는 이야기다. 큰 방죽도 개미구멍 때문에 무너지듯 작은 버릇 하나가 평생을 망칠 수 있다.

너나없이 고쳐야 할 버릇 하나둘은 있게 마련이지만 정작 본인은 자신의 버릇에 관대하거나 아예 인식하지 못하는 경우가 대부분이다. 도박 때문에 패가망신한 사람이 한둘이 아니지만 '딱 한 번만 더' 하다가 평생을 망치는 것이다. 습관을 고치기 힘든 것은 그것이 자신의 일부로 고착화되기 때문으로, 그래서 "제 버릇 개 못 준다."라는 속담이 생겼는지도 모른다.

A그룹에서는 신입 사원을 뽑을 때 담배를 끊은 사람에게 30퍼센

트 가산점을 준다. 습관을 고칠 정도의 강한 의지를 가진 사람이라면 더 큰일도 해낼 수 있으리라고 믿기 때문이다.

로마 시대의 철학자 키케로는 인간이 극복해야 할 6가지를 제시했는데 그때의 이야기가 꼭 지금 이야기처럼 들린다.

첫째, 나를 위해 남을 희생시켜도 된다는 생각을 버려라. 내가 남을 희생시키면 언젠가 그도 나를 제물로 삼는다.

둘째, 해보지도 않고 걱정만 하지 마라. 태양의 밝은 빛이 닫힌 일이 없듯이 인생의 문도 언제나 닫힌 일이 없다.

셋째, 어떤 일이건 도저히 안 된다고 포기하는 버릇을 극복하라. 성공의 문은 꿈꾸는 자에게 활짝 열려있다.

넷째, 사소한 집착을 버려라. 작은 것에 눈이 팔리면 큰 것을 놓치게 된다.

다섯째, 독서와 탐구를 하지 않는 습관을 극복하라. 세상은 끊임없이 진보하고 있기에 변화하지 않으면 낙오자가 된다.

여섯째, 내 생각과 행동 방식을 남에게 강요하지 마라. 나는 많은 개성을 지닌 인간 중 하나일 뿐이다.

세상에는 장점만 가진 사람도 없고, 약점만 가진 사람도 없다. 논밭의 잡초처럼 그대로 두면 단점은 자라나지만 장점은 자라나지 않는다. 농부들이 끊임없이 풀 뽑고 김매고 거름을 주는데도 얼마 있으면 다시 잡초가 자라난다. 벼는 주인의 발소리를 들으며 자라나는 것이다. 장점도 그러하다. 일단 약점을 제거한 뒤 그 자리에 장점을 심고 끊임없이 정성을 들여 보라. 안 될 이유를 찾지 말고 될 이유를 찾아내야 한다. 안 될 이유가 10개라면 될 이유는 100개가 넘는다.

나쁜 버릇을 고치는 Tip 10

01. 부지런하라. 게으름은 거지의 버릇, 부지런함은 부자의 버릇이다.

02. 좋은 말을 사용하라. 말 한마디에 천 냥의 가치가 있다.

03. 남의 흉을 보지 마라. 없던 복도 굴러온다.

04. 한번 약속한 일은 목숨 걸고 지켜라. 신뢰를 잃으면 남는 것이 없다.

05. 독불장군은 없다. 누구와도 잘 지내라.

06. 솔선수범하라. 이 세상은 치열한 경쟁 사회다.

07. 어디서나 예의를 지켜라. 예의는 훌륭한 사람의 증거다.

08. 나쁜 습관을 적어서 불태워라. 사진 찍어 보관하라.

09. 목표에서 벗어나지 마라. 목표를 잃으면 동쪽이 서쪽이 된다.

10. 인생은 연극이다. 좋은 배역을 연기하라.

생각
뒤집기

우리가 외화 부족으로 허덕일 때 박정희 대통령이 현대 정주영 회장에게 막걸리 한 대접을 권하며 말했다.

"중동 건설의 기회가 주어졌는데도 어느 나라도 불가능하다는 소리뿐이오. 사막이고 물도 없는 불볕더위에서 어떻게 일할 수 있느냐는 건데, 만일 할 수 있다면 우리나라가 단번에 일어설 수가 있소. 임자 생각은 어떻소?"

정주영 회장은 마시려던 막걸리 대접을 내려놓더니 사흘만 시간을 주면 현장에 다녀와서 말씀드리겠다고 하고는 그 자리에서 공항으로 출발했다. 그러고 나서 사흘 만에 중동의 현장을 점검하고 돌아왔다.

"공사하기에 최적의 장소입니다. 전부 모래니까 건축자재 수급에도 문제가 없고 물은 실어 오면 됩니다."

"그렇다 해도 그 뜨거운 사막에서 어떻게 일하지요?"

"뜨거운 낮에는 자고 선선한 밤에 일하면 충분합니다."

감격한 박정희 대통령은 정주영 회장을 얼싸안고 눈물을 흘렸다. 모두가 안 된다고 했던 일이 정주영 회장의 생각 뒤집기로 가능해졌고 그로써 대한민국 역사를 새로이 쓰게 된 것이다. 기적의 공사 현장을 각국의 언론이 취재하여 보도했다. 지금도 어둠 속에서 횃불을 켜 들고 공사하던 장면을 떠올리면 가슴이 벅차오른다.

요즘도 곧잘 우유 과잉 생산으로 우유 회사들에 비상이 걸리곤 하는데, 1985년에 우유 파동으로 서울우유에서 700톤을 중랑천에 버린 사건이 있었다. 당시 빙그레우유는 재고 300톤을 분유로 만들어 포대에 담아 창고에 쌓아 두었는데 3개월 안에 물로 환원시키거나 폐기해야 했다. 재고는 점점 늘어나 어느새 부도냐 아니냐의 위기에 처했다. 나는 그룹사 부인 대상 교육을 여러 차례 한 적이 있기 때문에 부인들이 협력하면 가능하겠다는 생각이 들어 부인들을 모아 놓고 강연을 했다.

"회사가 망하면 남편이 쓰러지고 이어서 가정까지 위기에 처합니다. 방법은 우유를 모두 팔아서 재고를 없애는 것입니다."

대부분 10개 가정 정도는 가능하다고 말했다. 나는 그 열 가정에 또다시 각각 열 가정씩이라는 목표를 주면 금방 110개 가정이 된다고 설득했다. 다행히 3개월 만에 재고를 다 없애고 다른 회사 우유까지 사다가 팔아 위기를 호기로 만들 수 있었다.

생각을 뒤집는 Tip 10

01. 안 될 이유를 찾지 말고 될 이유를 찾아라.

02. 나는 지금도 현역이다. 나이는 숫자에 불과하다.

03. 다양한 생각을 취합하라. 더하기, 빼기, 나누기, 곱하기를 하면 무수한 해답이 나온다.

04. 긍정의 힘을 믿어라. 놀라운 변화가 생겨난다.

05. 창의력도 훈련이다. 한 가지에 집착 말고 다양하게 만들어 보라.

06. 정답은 하나가 아니다. 10도 되고 100도 된다.

07. 광고나 간판에 관심을 가져라. 아이디어투성이다.

08. 나는 집에서 라면을 잘 끓여 먹는다. 150여 가지 새로운 라면이다.

09. 3년간 안 팔린 아파트도 100만 원으로 변신시켜 제값에 팔 수 있다.

10. 나는 막걸리, 소주, 양주, 맥주, 칵테일도 만들어 마신다.

편견
깨뜨리기

『성공하는 사람들의 7가지 습관』의 저자 스티븐 코비는 대중 강연회에서 늘 서두를 이렇게 시작한다.

"모두 눈을 감고 오른손을 들어 올린 다음 집게손가락으로 정북향을 가리켜 보세요. 하나, 둘, 셋! 눈을 뜨고 주변을 둘러보십시오."

다들 정북향을 가리킨다고 했지만 제각각 다른 방향이다.

"도대체 누가 맞나요? 우리의 차이점을 다수결로 결정해서 맞는 것으로 하면 어떨까요?"

청중들이 박장대소를 할 때 그는 나침반을 꺼내 정확한 정북향을 알려준다. 우리는 무조건 자기가 옳다고 생각하지만, 그것이 바로 고정관념이자 편견이다.

부모가 아이에게 묻는다. "엄마 편? 아빠 편?" 물론 재미로 하는 것이지만 이렇게 하다 보면 자연스럽게 편 가르기 훈련이 될 수 있다. 아내가 부모에게 잘못했을 때 남편이 바른말을 하면 "당신 누구 편이냐?" 하며 반발하는 경우가 있다. 옳고 그르고가 아니라 자기편을 들어줘야 아군으로 생각하는 것이다. 여당이 잘할 때도 있고 야당이 잘할 때도 있다. 그런데도 상대편은 잘했어도 못하는 것이고, 우리 당은 잘못했어도 잘했다며 소리를 높인다.

조선조 사색당파 싸움으로 많은 사람이 유배되거나 처형당하기도 했는데 그 싸움은 제사 지내는 법의 차이에서 비롯되었다. 자기가 아는 방식에서 한 치의 양보도 않다 보니 가까운 사이도 적으로 변한 것이다. 네 편 내 편 가르다 보면 저절로 반편이 된다.

살다 보면 미운 사람이 생겨나는데, 미운 것과 나쁜 것은 전혀 다르다. 미운 것은 나의 시각이고 나쁜 것은 객관적인 평가인데 우리는 두 가지를 같은 것으로 착각한다. 남을 미워하면 고통은 나에게 돌아온다. "미운 놈 떡 하나 더 주라."는 말이 있다. 투자 대비 효과는 떡값이 가장 싸다.

편견을 깨뜨리는 Tip 10

01. 나이 든 사람을 존경하라. 경륜은 돈 주고도 못 산다.

02. 입장 바꿔 생각하라. 보는 시각이 달라지면 결론도 달라진다.

03. 국익의 입장에서 판단하라. 나라가 망하면 모두가 망한다.

04. 사랑의 안경을 써라. 보이지 않던 부분도 보이게 된다.

05. 미국 가면 미국의 법을 따르라. 우리 법만 따지지 마라.

06. 아내를 이해하려면 아내 입장이 되어라. 여자와 남자는 사용하는 언어부터 다르다.

07. 싼 게 무조건 비지떡은 아니다. 싸고 좋은 것도 얼마든지 있다.

08. 나만 옳다는 생각을 버려라. 나도 옳고 너도 옳다.

09. 남의 말에 귀 기울여라. 내가 옳다고 다 옳은 것은 아니다.

10. 적게 말하고 많이 들어라. 말 많은 집 장맛이 쓰다.

인연의
법칙

알고도 짓고 모르고 지은 죄도 쌓이고 쌓이면 감당할 수 없는 지옥 생활을 겪게 된다. 지은 대로 받는 것이 인과의 법칙이어서 잘못을 깊이 깨닫고 반성하며 용서를 청하는 자세가 필요하다. 어제의 업보가 오늘을 만들고 오늘의 업보가 내일을 만들기 때문에 번뇌와 망상을 지우고 선업(善業)을 수행해야 한다. 18년의 귀양살이를 마치고 고향에 돌아온 57세의 다산이 4년 뒤 회갑을 맞아 펴낸 책에 이런 내용이 들어있다.

"평생 지은 죄가 많아 가슴속에 회한이 가득하다. 내가 태어난 임오년(1762년)을 다시 맞은 해이므로 이제 한가히 세월 보내는 일을 그만두고 아침저녁 성찰하는 데 힘쓰면 하늘의 성품을 회복할 수 있을 것이니 그렇게 살아간다면 큰 잘못이 없으리라."

다산 같은 성자도 반성하고 뉘우치면서 참회했다. 앞서도 말했듯 하늘은 짓지 않은 복을 내리지 않고 짓지 않은 죄를 벌하지 않는 법이다.

수양대군은 임금이 되기 위해 어린 조카 단종을 죽이고 형수의 묘를 파헤쳐 시신을 바다에 내다 버렸지만, 왕좌의 영광은 잠시뿐이고 곧 상상하기조차 힘든 고통에 몸부림치게 된다. 1457년 단종의 잔존 세력 때문에 불안하여 뜬눈으로 밤을 새우다가 바른말 하는 자신의 형제와 옛 친구이자 단종의 장인인 송현수를 반역죄로 처형한다. 이때부터 불행한 일들이 일어나기 시작한다. 장남 의경 세자가 병상에 눕자 별의별 방법을 다 썼지만 결국 사망했고, 둘째 아들 해양 대군이 왕위에 올랐지만(예종) 발이 썩는 병에 시달리다가 1년 만에 또 죽었다. 두 아들 모두 20세에 요절한 것이다. 외동딸 의숙 공주도 37세에 후사 없이 죽는데, 업보는 그것으로 끝난 것이 아니다. 손자 성종의 삶도 순탄하다고는 보기 어렵고, 성종의 아들 연산은 왕이 되긴 했지만 왕 대접을 받지 못한 채 군(君)으로 남은 비운의 후손이 된다. 한 사람의 죄업이 대물림하며 대대손손 탕감하고 있는 것이다.

인연의 법칙 Tip 10

01. 콩 심은 데 콩 난다. 인연의 법칙에 외상이나 공짜는 없다.

02. 남을 위하라. 위하는 자가 위함을 받는다.

03. 효자의 자녀가 효자가 된다. 자녀는 내가 한 대로 똑같이 한다.

04. 이익에 혈안이 되지 마라. 복을 지으면 손해도 이익이 된다.

05. 탤런트 최수종 씨는 자녀에게도 존댓말을 쓴다. 가문의 영광이 재현
될 것이다.

06. 세상만사 우연은 없다. 모두가 인연이다.

07. 개 같은 인간이 늘어난다. 부모가 개면 자식도 개가 된다.

08. 힘들어도 사기는 치지 마라. 자손 대대로 사기꾼이 된다.

09. 자손에게 재산을 상속하려고 하지 마라. 복을 상속해야 한다.

10. 불의와 손잡지 마라. 대대손손 비운의 가계가 형성된다.

인맥
만들기

사람은 사람을 몰고 다니며 인맥을 형성한다. 주위에 좋은 사람이 많은 이는 돈 많은 사람보다 더 큰 재산가다. 돈이 재산임에는 틀림없으나 잘못 쓰거나 써야 할 곳에 쓰지 않으면 재앙이 되는 데에 비해 인재는 영광과 축복만을 안겨주는 귀중한 자산이다. 돈 많은 집안에서 상속 문제로 형제간에 피 터지게 싸우는 경우가 있는데 알고 보면 그들은 재앙을 서로 차지하려고 싸우는 바보들이다.

삼성에서는 매년 퇴직자들에게 그동안의 노고를 치하하며 잔치를 열어준다. 대부분의 직장인들은 자기가 몸담았던 기업을 욕하지만 삼성맨들은 홍보하기 바쁘다. 인맥 하면 떠오르는 곳이 해병전우회, 고대교우회, 호남향우회다. 많은 단체가 깨지고 있는 상황

에서 이 세 곳은 결코 깨지지 않는다고 언론들이 다퉈서 보도하는
만큼 이들의 결속력은 상상을 불허한다.

인맥의 달인 ㈜희창유업 박희영 회장의 스케줄은 대통령보다 더
바쁘다. 그의 승용차에는 넥타이, 와이셔츠 등이 걸려있다. 이동
하면서 갈아입기 때문이다. 5개 대학의 사회교육원에 그가 개설한
학과가 있는데 그를 보려는 학생들로 항상 붐빈다. 서울시 홍보대
사이기도 한 그의 직함은 20~30개가 넘는다. 언제나 남을 위하고
협조하는 노력이 눈에 띄는 것이다.

그는 또한 예술의전당에서 뮤지컬 공연을 할 때 수시로 출연한
다. 뮤지컬 배우는 아니지만 그가 출연하면 팬들이 구름처럼 몰려
들기 때문이다. 태풍은 비바람을 몰고 오고 박희영은 사람을 몰고
다닌다는 말도 생겨났다. 그에게서는 즐거움의 에너지가 발산된
다. 우리 삶의 실체는 즐거움이며 그를 만나고 나면 즐거움의 여운
이 오랫동안 지속된다. 그의 사무실에는 별의별 사람이 다 모여들
지만 누구든 절대로 그냥 보내는 일은 없다. 자기를 찾아오는 사람
을 위해 반드시 선물을 준비해 놓는다. 그의 사무실을 방문한 사람
치고 빈손으로 나오는 사람은 없다. 그것이 바로 정이다. 냉랭한
사람 곁에는 사람이 모여들지 않는다. 자녀의 결혼식을 앞두고 모
임에 나오는 사람은 결혼식이 끝나면 다시는 모임에 나오지 않는
다. 소기의 목적(?)을 달성했기 때문이다. 자기 근처에 사람이 없다

면 자기에게서 원인을 찾아야 한다.

맛있고 친절한 음식점에 사람이 모이듯, 만나면 희망과 의욕이 생기고 시간 가는 줄 모르게 느껴지는 사람 곁에 친구가 모이게 되어 있다. 불신, 불평, 불만의 3불을 추방하고 찬사, 감사, 봉사의 3사와 가까이하면 인맥은 저절로 자라난다.

인맥을 만드는 Tip 10

01. 상대를 위함이 나를 위하는 일이다. 술 마실 때만 "위하여~"를 외치지 마라.

02. 불필요한 논쟁을 하지 마라. 이겨도 지고 져도 지는 거다.

03. 평소에 잘해라. 평소에 쌓은 공덕이 위기 때 빛을 발한다.

04. 손해 보는 것이 이익이다. 이익만 밝히면 모두가 나를 피한다.

05. 믿음과 신의를 가져라. 함께 술 마시고 즐긴다고 친구가 아니다.

06. 남의 말을 좋게 하라. 없던 복도 굴러온다.

07. 나 자신을 발견하라. 보석처럼 빛나는 에너지가 숨어있다.

08. 고마움은 말로 표현하라. 말하지 않으면 귀신도 모른다.

09. 통신 요금을 배로 늘려라. 인맥이 10배로 늘어난다.

10. 아내(남편)를 사랑하라. 평생 참고 견딘 사람이다.

엘리자베스의
배우자 높이기

평생의 가장 큰 복은 뭐니 뭐니 해도 좋은 배우자를 만나는 일이다. 식을 올리기 전까지 오랜 기간 만났다고 해도 연애는 상대를 파악하는 데 그다지 도움이 안 된다. 연애가 관광이라면 결혼은 미지의 세계로의 탐험과 같다. 겉으로 드러난 모습만을 보고 배우자를 선택하는 것은 위험천만한 일로, 성품을 파악하기 위해서는 마음을 읽는 것이 중요하다.

정직하고 성실하고 가정교육을 잘 받은 사람을 선택하는 것은 아파트 10채에 로또복권 1등 당첨자를 만나는 것보다 더 큰 행운이다. 평생 행복을 누릴 수 있고, 웃음이 떠나지 않으며, 사랑과 축복이 알알이 열리기 때문이다. 이런 부부는 시작은 미약해도 끝은 창대하다.

그러나 삐걱대는 소리가 들리면, 아무리 재테크를 하려고 몸부림, 맘부림쳐도 돈은 도망치고 만다. 돈에도 눈이 있고 발이 있고 귀가 있다는 말이다. 집안에 웃음꽃이 피면 하는 일도 잘되고, 웃음꽃이 지면 잘되던 일도 잘 안 되는 것이 우주의 이치다.

겉만 보고 판단하는 물질적인 조건을 떠나서 내면의 마음을 보고 판단하는 반려자가 되어야 한다. 겉만 번지르르한 사람치고 제대로 된 사람은 별로 없다. 겉치장에 정신을 쏟다 보면 내면은 황폐해진다. 젊은이들 중에 외모와 스펙, 상대 집안의 재물만 보는 경향이 있는 사람의 결혼 생활은 늘 위태위태하다. '우린 너무 쉽게 헤어졌어요'라는 가수 최진희의 노래가 있다. 쉽게 만나다 보면 쉽게 헤어지는 것은 어쩔 수 없는 일이다. 밥이든 만남이든 뜸 들일 시간이 필요한 것이다.

배우자의 사명은 실패와 실수를 지적하는 것이 아니라 실패와 실수를 덮어주는 데 있다. 이불은 덮어주지 않더라도 실수를 덮어주는 사람을 선택하면 미래는 언제나 맑음이다. 격려와 위로의 말 한마디가 행복한 가정을 지탱하는 든든한 버팀목이 된다.

엘리자베스 2세의 신혼 초 이야기다. 남편인 필립 공이 침실에 일찍 들어가 독서를 하고 있을 때 엘리자베스 2세가 노크를 했다. 누구냐고 묻자 여왕이라고 대답했는데 문은 열리지 않았다. 또다시 노크를 하자 "누구요?"라고 묻는 소리가 들려왔다. 엘리자베스 2세가 느낀 것이 있어 "당신의 아내예요."라고 대답하자 그제야 문이 열렸다. 배우자를 깎아내리면 내가 깎이고 배우자를 높이면 나도 저절로 높아진다.

배우자를 높여주는 Tip 10

01. 언제나 공경어를 사용하라. 그것이 내가 높아지는 일이다.

02. 배우자를 환대하라. 한 끼 먹는 음식점도 서비스를 보고 찾아간다.

03. 배우자는 창조주 다음으로 중요한 사람이다. 어떻게 대하고 있는지 늘 반성하라.

04. 상대방의 마음을 먼저 읽어라. 그에 걸맞게 처신하라.

05. 상대방에게 절대 막말하지 마라. 막가파보다 위험한 인물이 된다.

06. 감탄하라. 한탄하지 말고.

07. 하루하루 향상하라. 향상하지 않으면 퇴보한다.

08. 항상 새로운 면을 보여주어라. 일신우일신이다.

09. 소통에 힘써라. 소통이 안 되면 고통이 따른다.

10. 기쁨을 함께 나눠라. 긍정 에너지가 꽃처럼 피어난다.

좋은 관상
만들기

　오랜만에 동창들을 만나보면 도대체 누가 누군지 알아보기 힘들다. 각자 마음 씀씀이가 다르다 보니 인상이 변한 것이다. 관상의 대가 마의 선생은 "일만 가지의 상이 아무리 좋아도 그 사람이 품고 있는 마음의 상에는 미치지 못한다."고 했다. 우리나라가 성형 기술로는 세계 으뜸이라고 하지만 마음의 상은 고칠 수 없다. 마음은 육체를 운전하는 주인이기 때문이다. 석가모니도 『화엄경』에서 "일체유심조(一切有心造)"라고 했다. 마음이 모든 업을 짓고 선악을 만들기에 마음의 행위에 따라 형상이 되어 나타난다. 밖으로 나타나는 고결한 인품과 천박한 인품 역시 모두 마음의 소산이다. 마음을 잘 쓰면 자기도 모르게 자연히 몸과 얼굴 밖으로 드러나고 운명 역시 점차 행운의 길로 나아가게 된다. 변화하는 상(相)인 까닭에

늘 행실과 공덕 쌓기를 게을리하지 말아야 한다.

　프랑스의 철학자이자 과학자인 데카르트(1596~1650)는 이러한 심상에 대한 여러 가지 연구를 한 인물로 "남을 사랑하는 아름다운 마음은 얼굴을 아름답게 한다. 그러나 남을 원망하는 마음은 고운 얼굴을 추악하게 만든다. 남을 증오하는 감정이 얼굴의 주름살이 되고, 남을 원망하는 마음이 얼굴을 망가뜨린다."고 했다. 일전에 열심히 불렀던 남진의 노래 가사가 생각난다. "얼굴이 예쁘다고 여자냐, 마음이 고와야 여자지." 이 노래를 들어 봐도 동서를 막론하고 마음이 아름다워야 좋은 얼굴이요, 좋은 여자임을 알 수 있다.

　드라마에는 악역 단골 배우가 따로 있다. 악역 배우라고 해서 악한 사람이 아니다. 악역을 잘 소화하다 보니 그런 배역이 주어지는 것인데, 오랫동안 악한 역할을 하다 보면 저도 모르게 인상과 행동이 변해 결국 그런 삶을 살게 된다는 것이다. 술 마시다가 주위 손님들과 치고받고 싸움이 붙는 사람들을 보면 거의가 악역 단골들이다. 술김에 나도 모르게 배역 속 행동이 진짜 행동으로 나타난 것이다.

　덕을 베풀며 산 사람은 어딘지 모르게 후덕해 보이지만 야비하게 살아온 사람은 말과 행동, 인상까지도 그렇게 변한다. 열 번 수술을 받아도 얼마 지나지 않아 원상태로 돌아간다. 마음 가는 대로 변하기 때문이다. 그래서 학교 공부보다 마음을 잘 쓰는 공부가 더 중요하다. 모든 세포가 6개월이면 새롭게 변하기 때문에 수술하지 않고도 6개월만 마음을 바꿔 먹고 행동하면 좋은 인상으로 변하게 된다.

돈 안 들이고 6개월 안에 좋은 인상 만드는 Tip 10

01. 여럿이 기도를 해보자. 거룩한 모습으로 변한다.

02. 하루 열두 번씩 웃어라. 건강과 매력이 넘치는 인상으로 변한다.

03. 열심히 봉사하자. 자비로운 느낌이 생긴다.

04. 신나게 생활하자. 의욕과 활력이 나타난다.

05. 날마다 '감사합니다'를 외쳐 보라. 감사할 일이 생겨난다.

06. 남을 위하는 일을 해보자. 모두가 좋아하는 상으로 변한다.

07. 긍정적인 말만 사용하라. 긍정인으로 변하게 된다.

08. 남을 위하라. 그것이 나를 위하는 일이다.

09. 꿈을 잃지 마라. 꿈은 이루어진다.

10. 밝고 신나는 노래를 불러라. 노래가 운명을 만든다.

강철보다 강한
감사의 힘

세상에서 가장 큰 부자는 재산의 분량이 아닌 감사함의 분량으로 측정되어야 한다. 그렇다면 나도 몇 손가락 안에 드는 부자다. 내가 감사 부자가 되었을 때 행복, 건강, 소망까지도 모두 이루어졌다. 감사 부자가 되려면 날마다 감사할 일을 찾아 기록하고 말해야 한다. 돈이야 잃어버리거나 도둑맞을 수 있지만 감사하는 마음은 하루가 다르게 복리로 늘어나 하늘 꼭대기까지 쌓이기 때문이다.

1948년 여수반란사건 때 손양원 목사의 두 아들이 공산당에 체포되어 마지막 순간까지 복음을 전하다 순교한 일이 있었다. 그 소식을 들었을 때 손 목사는 교회에서 기도를 하던 중이었는데 그 자리에서 바로 하나님께 감사 기도를 올렸다.

"하나님, 뜻이 있어서 제 아들 둘을 불러 가신 것으로 믿고 감사

드립니다. 하나님, 내 두 아들을 죽인 사람의 생명을 보존해 주십시오. 제가 전도하겠습니다. 그가 그대로 지옥에 가서는 안 됩니다. 저에게 그를 사랑할 수 있는 마음을 주옵소서."

그 후 손 목사는 두 아들의 장례식장에서 이런 말을 했다.

"제가 이 시간에 무슨 답사를 하고 무슨 인사를 하겠습니까마는 하나님 앞에 감사하는 마음이 있어 말씀드립니다. 첫째, 나 같은 죄인의 혈통에서 순교의 자식들이 나오게 하셨으니 하나님께 감사합니다. 둘째, 많은 성도 중에 어찌 이런 보배들을 내게 맡겨주셨는지 그 점 또한 주님께 감사합니다. 셋째, 3남 3녀 중에서도 가장 아름다운 두 아들을 바치게 된 나의 축복을 하나님께 감사합니다. 넷째, 한 아들의 순교도 귀하다 하거늘 두 아들의 순교이리요, 하나님께 감사합니다. 다섯째, 예수 믿다 누워 죽는 것도 큰 복인데 전도하다 총살 순교를 당함이리요, 하나님께 감사합니다. 여섯째, 미국 유학 가려고 준비하던 아들, 미국보다 더 좋은 천국에 갔으니 하나님께 감사합니다. 일곱째, 두 아들을 총살한 원수를 회개시켜 내 아들 삼고자 하는 마음을 주신 하나님께 감사합니다. 여덟째, 내 아들의 순교로 무수한 천국의 아들들이 생길 것으로 믿어지니 하나님께 감사합니다. 아홉째, 이 같은 역경 중에서 하나님의 사랑을 찾는 믿음 주신 주 예수께 감사합니다. 열째, 이렇듯 과분한 축복을 누리게 된 것에 감사합니다."

손 목사는 아들을 죽인 안재선을 양자로 삼아 손재선이란 새 이름의 목회자로 키워 내는 사랑의 기적을 이루었다.

강철보다 강한 감사의 힘을 얻는 Tip 10

01. 사람으로 태어났음에 감사하라. 미물로 태어날 수도 있었다.

02. 부족함에 감사하라. 지나치게 풍요하면 교만에 찌들게 된다.

03. 불평하지 마라. 불평 때문에 불만이 늘어난다.

04. 읽고 있는 책에 감사하라. 나를 영적으로 숙성시키는 스승이다.

05. 신앙이 있음에 감사하라. 하늘에 든든한 후원자가 있다.

06. 밥 한 숟가락, 물 한 모금도 생명의 양식이다. 감사함으로 먹어라.

07. 부모는 나를 이 세상에 보내준 창조주다. 창조주에게 감사하라.

08. 함께 사는 가족에게 감사하라. 가족이 울타리다.

09. 걸을 수 있는 다리에 감사하라. 잘 못 걷는 동포가 300만 명이 넘는다.

10. 아픔에 감사하라. 아픔은 성숙의 촉진제다.

은혜 갚기

나의 자산은 돈이 아니라 감동과 감격의 스토리들이다. 돈은 편리함을 줄지는 몰라도 감동은 주지 못한다. 그래서 나는 방송이나 신문, 잡지에 보도된 감동을 주는 이야기들을 스크랩했다가 수시로 읽는다. 그러고 나면 환자가 링거 주사를 맞은 것처럼 갑자기 에너지가 샘솟는다. 오래전에 스크랩한 것이지만 지금도 읽다 보면 가슴이 뭉클해지는 이야기가 있다. 미국 보스턴에 사는 청년 스트로사는 아이디어와 꿈과 야망은 있지만 꿈을 이루는 데 필요한 자금이 없어 고민 끝에 거부 바턴 씨를 찾아갔다.

"저는 담보는 없지만 젊음과 열정이 있습니다. 저를 믿고 2,000달러를 빌려주시면 그 은혜는 결코 잊지 않겠습니다."

지금의 2,000달러는 그리 큰돈이 아니지만 당시는 꽤 거금이어서 바턴 씨의 주위 사람들은 근본도 모르는 사람에게 돈을 빌려주는 것은 바람 부는 들판에 돈을 뿌리는 것만큼 위험한 일이라며 극구 만류했다.

"글쎄, 그럴 수도 있겠지. 그러나 요즘 청년들은 패기가 없는데 저 친구에게는 열정과 용기가 보여. 나는 그것 하나만 보고 돈을 빌려주려고 하네. 저 친구에게 마음이 자꾸 끌리는데, 끌릴 만한 이유가 어딘가에 있을 거야."

스트로사는 그 돈으로 사업을 시작하고 얼마 되지 않아서 상승 궤도에 진입했고, 하루가 다르게 성장하여 빚을 다 갚고서도 계속 상승했다. 그의 이야기는 화제가 되어 지역 언론에 수시로 보도되곤 했다. 그로부터 얼마 후 미국은 경제공황으로 인해 공장들이 문을 닫고 은행이 폐업하는 등 큰 어려움의 소용돌이에 빠져들었다. 바턴 씨 또한 직격탄을 맞고 파산 지경에 이르렀다. 그 소식을 접한 스트로사가 부랴부랴 바턴 씨에게 달려왔다.

"회장님의 부채가 7만 5,000달러이더군요. 그 빚을 제가 갚도록 허락해 주십시오."

바턴 씨는 자신이 무언가에 홀렸거나 꿈을 꾸고 있다고 생각했다. 그러나 분명 꿈이 아니라는 것을 깨닫고는 목이 메어 말이 나오지 않았다.

"빌려준 돈은 모두 받았는데… 이해가 안 됩니다."

"그 빚은 옛날에 갚았지요. 그러나 베풀어 주신 은덕은 평생 갚지 못합니다. 회장님의 도움이 아니었더라면 오늘의 제가 있을 수가 없습니다. 그 은덕과 사랑은 영원히 갚을 수 없는 빚입니다."

스트로사의 돈으로 바턴 씨의 회사는 위기에서 벗어날 수 있었다.

알고 보면 우리가 세상에 태어나서 살아가는 동안 은혜가 아닌 것은 하나도 없다. 은혜를 원수로 갚기도 하는 살벌한 세상에서 은혜를 잊지 않고 살아가는 것 자체가 큰 축복이다.

은혜를 갚기 위한 Tip 10

01. 고마운 사람을 찾아내 은혜 노트를 만들어 보자. 그것이 축복 에너지다.

02. 부모님의 은혜를 생각하자. 그분들을 위해 기도하라.

03. 오늘의 나를 만든 스승을 찾아보자. 모두 히딩크 같은 분들이다.

04. 우정을 나눈 친구들을 떠올려 보자. 너무나 가슴 벅찬 추억들일 것이다.

05. 직장과 직장 동료는 한 식구다. 같이 먹고사는 사람이 '식구(食口)'이기 때문이다.

06. 나라를 지키는 국군을 위해 기도하자. 나라가 쓰러지면 모두가 쓰러진다.

07. 차를 탈 때마다 운전기사에게 감사하라. 빠르고 안전하게 목적지에 데려다준다.

08. 좋은 책을 만나면 감사하자. 나의 멘토가 분명하다.

09. 식당에 들어가면 기도하자. 일용할 양식을 주는 주님들이다.

10. 아침에 깨어나면 태양을 향해 감사하자. 밝음은 희망의 원천이다.

용서

운명의 법칙에는 외상이나 공짜가 없다. 뿌린 씨앗만큼만 자란다. 골프 황제 타이거 우즈도 불륜으로 이혼당한 이후에는 시합에 나가서도 맥을 못 추었다. 날고 기던 실력은 어디로 가고 PGA 랭킹 124위로 밀려나는가 하면 수시로 컷오프를 당하는 수모마저 겪었다. 용서를 빌고 화해했더라면 운이 피해 가지는 않았을 것이다. "여자가 한을 품으면 오뉴월에 서리가 내린다."는 말은 우리나라에만 있는 말이 아니다. 총알은 피할 수 있어도 저주는 피할 수 없는 법이다.

1970년 12월 7일 폴란드의 수도 바르샤바에 위치한 국립묘지. 서독의 총리 빌리 브란트가 제2차 세계대전 당시 나치에 희생된

유대인을 기리는 위령탑 앞에 헌화를 하고는 갑자기 무릎을 꿇더니 오래도록 고개 숙여 묵념했다. 현장에 있던 사진기자들은 연신 셔터를 눌러댔고, 이 장면은 전 세계 언론을 통해 보도되었다. 빌리 브란트의 진심 어린 사과와 참회를 보고, 독일에 반감을 갖고 있던 유럽인들은 굳게 닫힌 마음의 문을 열었다. 세계 언론은 빌리 브란트의 사죄를 이렇게 평했다.

"무릎을 꿇은 것은 한 사람이었지만, 일어선 것은 독일 전체였다."

용서의 힘 Tip 10

01. 누구나 잘못을 저지를 수 있다. 곧바로 용서를 빌어라.

02. 용서 못 할 죄는 없다. 한시바삐 자수하라.

03. 내가 먼저 용서를 빌어라. 용서를 비는 사람이 인격자다.

04. 용서를 빌면 용서하라. 용서는 참사랑의 실천이다.

05. 잘잘못을 따지지 마라.

06. 양심 있는 사람은 먼저 용서를 빈다. 용서를 빌지 않는 사람은 양심 실종자다.

07. 양심 없는 사람은 잘못을 외부에서 찾으려 한다.

08. 용서를 비는 것은 외상값 갚기와 같다. 빠를수록 좋다.

09. '미고사'를 실천하는 사람이 되어라. 미안합니다, 고맙습니다, 사랑합니다.

10. 용서를 빌지 않는 자는 파렴치범이다. 양심이 실종된 것이다.

연봉 46억 원의
사나이

직장인이 평생 한 푼도 쓰지 않더라도 46억 원을 모으는 것은 쉽지 않다. 그런데 1년에 46억 원을 번 사나이가 있다. 그의 학력은 대학 2학년 중퇴가 전부다. 취업이 안 되자 그는 치킨집 알바를 비롯해 안 해본 일이 거의 없을 정도로 갖은 일을 했다. 그는 못 배운 것이 한이 되어 밤에는 자신의 성장에 도움이 되는 책을 대여해서 머리를 싸매고 읽었다. 그렇게 일하는 틈틈이 책을 읽으며 중요한 것은 메모하여 행동으로 옮겼지만 한 달에 100권을 읽기가 힘들었다. 그런데 그의 이런 모습을 눈여겨본 손님 중에 보험사 임원이 있었다.

"언제까지 알바만 하겠나. 우리 회사에 와서 교육을 받아 보겠다면 3개월 교육을 받는 동안 매월 300만 원을 보장해 줄 테니 의향 있으면 말해 보게."

한 달에 두 군데 알바를 뛰어도 100만 원을 모으기 힘든데 이 정도면 대단한 제의였다. 그는 야간에 회사에서 잠잘 수 있게 해달라는 간곡한 부탁을 덧붙였다. 출퇴근 시간을 절약하면 250권을 읽을 수 있다는 것이었다. 그는 3개월 동안 읽어야 할 도서 목록을 만들었다. 고전과 자기 계발, 인간관계를 비롯하여 초능력 서적까지 섭렵하는 동안 그는 말과 행동 그리고 인상까지 변했다. 교육이 끝난 첫날 선배 FC와 동반하여 고객을 만나게 되었는데 호감이 가는 매너와 화술로 90퍼센트 이상의 계약률을 보였고, 첫해에 5억 원의 연봉자로 변신했다. 한 푼도 안 쓰고 모아도 일 년에 1,200만 원 벌기가 힘든 처지의 알바생에서 5억 원의 연봉자가 되었다면 거지가 왕자로 변한 것이나 다름없었다.

어느 해 그가 46억 원의 연봉을 받았다는 이야기가 들려왔다. 보통 10억 원대 연봉까지는 언론에 오르내리지만 그 이상 되면 문제가 생길 수도 있어 대외비로 한다. 운 좋게 그를 만날 기회가 주어져서 본인의 신상을 밝히지 않는 것을 조건으로 이야기를 나눌 수 있었다.

그는 고객을 만나려고 출발하기 전에 '저의 설명을 끝까지 듣게 해주십시오'라고 기도하고, 설명을 끝내고 나올 때도 '끝까지 듣게 해주셔서 감사합니다'라는 기도를 드린다고 했다. 그는 주로 의사회를 공략하는데, 나와 만난 다음 날은 지방 의사회를 방문한다며

1억 원짜리 수표를 준비해 두고 있었다. 자기가 의사회 발전기금으로 전달하는 돈이라고 했다. 그는 월요일부터 금요일까지는 활동하고, 토요일은 가족과 함께 지내고, 일요일은 교회 성가대장으로 활동한다고 했다. 성가를 선곡할 때에도 신나는 곡이나 때로는 유행가나 국악 찬송도 한다는 것이다.

"기쁨은 신앙의 기본이어서 기쁨 없는 신앙은 가치가 떨어집니다. 기쁨이 넘치면 기적으로 변하지요. 기쁨의 기적을 체험하려고 몰려온 사람들로 입추의 여지 없이 가득 차게 됩니다."

그는 19평 아파트에 살며 대중교통을 이용한다고 했다. 내가 "당신 정도면 100평 아파트에 살아도 된다."고 했더니 그는 폭소를 터뜨렸다.

"바보들이나 그렇게 살지요. 아파트가 크면 불필요한 지출이 늘어나고 가족끼리 정도 멀어집니다. 아이 둘과 우리 내외가 사는데 이 정도면 충분합니다."

대중교통을 이용하는 이유는 지하철이 시간 약속을 지키는 데 유리하고 그 안에서 독서를 할 수 있기 때문이라고 했다. 자신은 한 달 용돈이 30만 원을 넘지 않고, 아이들은 핸드폰이 없다. 아버지가 밤늦게까지 책을 읽는 것을 보고 두 아들도 독서왕이 되었는데 과외하지 않고도 전교 수석을 놓치지 않는다고 했다. 그러나 교회에 내는 감사 헌금은 상상을 초월한다. 감사해야 감사할 일이 생긴다는 믿음 때문이다.

연봉 46억 원의 비밀 Tip 10

01. 자신을 위해서는 절약하라. 값진 곳에는 팍팍 써라.

02. 끊임없이 기도하라. 기도는 절대자와의 직통전화다.

03. 복을 지어라. 즐겁게 살면 돈이 제 발로 찾아온다.

04. 고객을 설득하려 들지 말고 감동시켜라.

05. 부모에게 잘하라. 부모는 살아 계신 창조주다.

06 가족끼리 화합하라. 충돌이 생기면 공든 탑도 무너진다.

07. 이웃을 위하라. 고객이 고객을 몰고 온다.

08. 좋은 책은 열 번 백 번 읽어라. 좋은 책은 읽을수록 맛이 난다.

09. 일은 오락이다. 맘껏 즐겨라.

10. 멘토를 가져라. 언젠가는 나도 멘토가 된다.

감사와
위로의 힘

살아가면서 처음부터 끝까지 감사하는 마음으로 사는 사람도 있지만, 유독 감사할 것은 잊고 원망할 일만 곱씹으며 사는 사람도 많다. 그러나 감사하지 않을 일도 감사하면 감사할 일로 변한다. 방송에서는 '부모님 은혜'가 흘러나와도 은혜는 잊고 사소한 문제를 가지고 원수로 지내는 자녀도 있어 종종 뉴스에 오르내린다.

멜라루카 가족들은 새벽마다 운동장에 모여 4킬로미터 달리기를 한다. 하나뿐인 생명을 지키기 위해 비가 오나 눈이 오나 훈련을 멈추지 않는데 세계 각국에서도 동호인들이 늘어나 실시간에 같이 뛰며 건강 정보를 공유한다. 이렇게 수련이 되자 마라톤 대회에 참가하여 풀 코스에 도전한다.

권정희 시인은 다리를 여러 번 다친 경력을 가지고 있어 장애 등

급이 나올 정도인데도 멜라루카 아침 운동방을 만들어 아침마다 5 킬로미터 달리기를 하는데 그를 본받아 세계 각국에서 그를 뒤따라 실시간에 뛰는 사람들이 많다.

권정희 시인이 춘천마라톤대회에 참가하여 처음으로 풀 코스를 뛰는데 비를 맞으며 뛰다 보니 다리에 쥐가 나기 시작했다. 그는 당황하지 않고 "다리야, 고맙다. 힘내라."라는 위로의 말을 반복하며 끝까지 완주하여 사람들을 놀라게 했다. 감사하면 감사할 일이 생기고 원망하면 원할 일이 생기는 것을 보여준 것이다.

로버트 슐러 목사는 매일 아침 4킬로미터씩을 뛰는 습관이 있었다. 한번은 유럽 여행길에 너무 피곤해서 뛰지 않고 늦잠을 자려고 하다가 억지로 일어나서 뛰었다. 그때 어느 발 없는 노인이 창가에서 자기를 부러워하는 모습을 발견했고, 호숫가에서 휠체어에 의지해 산책하던 중년 신사가 선망의 눈초리로 자기를 바라보는 것을 발견했다고 한다. 그는 자신의 게으름과 또 건강을 주신 주님께 감사함을 잊었던 일을 뉘우쳤다. 이처럼 잊고 있는 감사할 일들이 무엇인지 깨달으며 감사 기도를 올리는 일이 무엇보다 중요하다.

여러 번 강조했지만 나는 평생 감사 일기를 쓰며 살아오고 있다. 열 살 때부터 지금껏 썼더니 삶 자체가 기적으로 변했다. 밤에 잠자리에 들기 전에 그날 있었던 감사한 일 50개씩을 찾아서 쓰다 보니 아픔도 괴로움도 다 뜻이 있고 감사한 일이라는 것을 깨닫게 되었다. 우리가 이 세상에 태어나 감사를 느끼며 사는 것은 행복의 선물이다. 아픔도 고통도 감사로 변하기 때문에 나이 먹는 것도 즐거워진다. 그만큼 감사할 분량이 늘어나기 때문이다.

행복이
꽃피는 집

꽃 중의 꽃은 웃음꽃이다. 성경에 "마음의 즐거움은 양약(良藥)이나, 근심은 뼈를 마르게 한다."고 나오는 것을 보면 2,000년 전에도 웃음의 가치와 고민의 해독을 인식하고 있었던 것이다. 화초도 행복한 주인을 만나면 아름답게 꽃을 피우지만, 불화가 많은 집에서는 시들시들해진다. 45세의 F씨는 10년 넘게 놀다 보니 불화가 끊이지 않았는데 한바탕 크게 싸우고 나면 늘 화초가 시들어 죽어 있었다. 악담에서 살기(殺氣)가 나와 사람이나 동식물에 심각한 영향을 미치는 것이다. 화초는 물론이고 기르던 개와 어항 속 물고기들도 동시에 죽어서 싸울 때 내뱉는 악담이 얼마나 치명적인지를 쉽게 알 수 있다. 이런 상태가 계속되면 나쁜 변화가 끊임없이 생기게 된다. 나쁜 기운을 몰아내는 것이 급선무여서 나를 찾아온 그들에게 다음과 같은 처방을 주었다.

가족이 함께 크게 웃으며 대화하고, 사용하는 말도 감사 · 기쁨 · 사랑의 언어로 제한할 것. 엄숙한 가족사진을 떼어내고 활짝 웃는 사진으로 교체할 것. 100일간 온 가족이 아침저녁으로 감사 기도를 하고 '행복이 샘솟는 집'이란 휘호를 써서 현관에 걸어 둘 것.

얼마 후, 시들어 가던 화초가 꽃을 피우기 시작했고, 가출하여 소식조차 모르던 고등학생 아들이 돌아왔으며, F씨는 친구 회사의 임원으로 스카우트되었다. 그 후 부인은 웃음치료사가 되어 봉사를 다니며 하루하루 꿀처럼 달콤한 삶을 살아가고 있다.

대인 관계는 물론이고 건강에도 웃음은 절대적이다. 주변을 보면 감기가 기승을 부릴 때도 잘 웃는 사람은 걸리지 않는다. 웃음은 면역계를 강화시킨다. 웃음은 혈압을 조절해 주고 소화를 도우며 노폐물 제거도 돕는다. 우울증 환자에게 절대적으로 필요한 것도 웃음이다. 기분이 상할 때도 웃다 보면 나도 모르는 사이에 즐거움을 느끼게 된다. 웃음연구소의 이요셉 대표는 정기적으로 암 환자를 인솔하여 외곽에 모여 웃음으로 예방과 치료에 기여하고 있다. 많은 의사들이 환자를 웃음 치료에 보내주는 것은 웃음 훈련이 된 사람은 치료 효과가 높고 부작용도 적기 때문이다.

일명 웃음 종교 교주인 문일석 씨는 (주)브레이크뉴스 대표로, 정기적으로 웃음 세미나 강사로 출강하여 웃음이 삶의 기적을 만들어 낸 사례를 들려준다. 우리가 불행한 이유는 다른 게 아니라 웃음을 상실했기 때문이다. 웃음만 되찾으면 불행도 행복 앞에 무릎을 꿇는다. 미스코리아 심사위원을 오랫동안 해온 주부 대상 잡지 「여원」의 김재원 회장은 '미스코리아 스마일'이란 제목으로 강의를 한다. 수술해야 할 정도의 여성이 웃음으로 미인이 된 사례도 들려준다. 미스코리아는 얼굴만 미인이 아니며, 그들이 잘사는 것도 그들의 웃음과 관계가 깊다.

행복이 꽃피는 집을 만드는 Tip 10

01. 가난해도 행복에는 지장이 없다. 웃고 또 웃어라.

02. 행복해서 웃는 것이 아니다. 웃으면 행복해진다.

03. 행복에는 사람을 끌어들이는 흡인력이 있다. 정치나 사업을 하려면 웃음의 달인이 되어라.

04. 노래 '나는 행복합니다'를 히트시킨 가수 윤항기 씨는 훗날 신학교 총장이 되었다.

05. 자신이 행복한 이유 5가지를 날마다 적어라. 쓰면 쓸수록 행복이 늘어날 것이다.

06. 솔선수범, 헌신 봉사하라. 내가 변하면 가정도 변한다.

07. 나눔은 행복을 만든다. 사랑도 기쁨도 물질도 나눌수록 늘어난다.

08. 행복하면 마음이 밝아진다. LED보다 더 밝게 만드는 것이 행복이다.

09. 웃으면 천하가 내 편이다. 아군을 증강시키는 사람이 승리자다.

10. 우리의 소망은 행복이다. 행복은 기적을 만들어 낸다.

사람답게
살기

이솝이 어렸을 때의 일이다. 하루는 주인이 공동탕에 가서 사람이 많은지 보고 오라고 했다. 아침에 나간 이솝은 저녁에야 돌아왔다. 이솝이 목욕탕을 지켜보고 있자니 입구 바닥에 뾰쪽한 돌이 박혀 있었는데 많은 사람이 들고 나면서 돌에 걸려 넘어지면 욕을 퍼부으면서도 정작 치우는 사람은 없었다. 그런데 저녁 즈음 돌에 걸려 넘어질 뻔한 사람이 돌을 뽑아 버리고 목욕탕 안으로 들어가는 것을 보고 집으로 달려온 것이다.

"주인님! 목욕탕 안에 사람이 한 명밖에 없습니다."

"거참 잘됐구나. 나하고 목욕이나 하러 가자."

"네."

이솝이 주인과 함께 목욕탕으로 갔더니 발 디딜 틈이 없었다. 주인이 화를 내며 말했다.

"사람이 한 명밖에 없다고 하지 않았느냐, 왜 거짓말을 한 것이냐?"

"주인님, 제 말을 들어 보십시오. 이래저래해서 한 사람만 사람다운 사람으로 보였습니다."

"허허허. 그래, 네 말이 옳구나."

사람 사는 세상에서는 사람다운 사람이 되어야 한다. 이 세상에는 사람답지 못한 사람들도 있지만 가끔씩 아름다운 일을 한 경찰관, 편의점 종업원, 군인 들의 얘기가 뉴스에 나오면 가슴이 뿌듯해지곤 한다. 옛날 초등학교 시절, 날마다 좋은 일 하나씩을 해서 적어 낸 적이 있었다. 그 시절을 살아온 세대는 날마다 좋은 일을 해야 했다. 숙제였기 때문이다.

우리는 이 세상에 돈 벌기 위해서가 아니라 사람답게 살기 위해 태어났다. 오늘부터 스스로에게 좋은 일 하나씩을 하는 숙제를 내보자. 돈 드는 일도 아니고 힘드는 일도 아니지만 보람과 행복이 넝쿨째 굴러오는 것은 복은 지은 만큼 내 것이 되기 때문이다.

사람답게 사는 Tip 10

01. 웃는 시간을 늘려라. 웃음은 행복과 건강을 꽃피운다.

02. 힘든 사람에게 힘이 되어 주자. 부축도 하고 짐도 들어 주자.

03. 고운 말을 쓰자. 가는 말이 고우면 오는 말도 곱다.

04. 칭찬과 격려를 아끼지 말자. 칭찬과 격려는 말의 보석이다.

05. 남을 배려하며 살자. 누이 좋고 매부 좋은 세상이 펼쳐진다.

06. 일을 즐기자. 우리는 즐기기 위해 이 세상에 태어났다.

07. '미안합니다', '사랑합니다', '고맙습니다'를 많이 사용하라.

08. 나눔에 익숙해지자. 자기만 알면 수전노가 된다.

09. 앞에서 끌어주고 뒤에서 밀어주자. 졸업식 노래에도 있다.

10. 자랑스러운 대한민국이다. 긍지를 가지고 이끌어 가자.

아름다운
이별

　인간이 만물의 영장으로 태어난 것은 만물을 주관하고 기쁘게 귀환하라는 신의 특명이다. 나에게 주어진 시간을 값지게 사용하면 즐거운 여행이 될 수 있지만, 시간의 가치를 망각하고 허송세월하다 보면 어느새 이별의 순간이 다가온다. 주어진 시간의 분초를 보석처럼 아름답게 관리하지 않아 잡석을 만들어 놓고 떠나게 되는 것이 우리들이다. 일주일 안팎의 신혼여행에서는 사전 조사를 하여 값진 추억을 만들면서도, 한평생 여행에서는 불평불만을 입에 달고 사는 것이다. 지상천국을 경험했다면 다음 세상은 당연히 천상천국이 기다린다. 자기가 경험한 대로 이끌려 가기 때문이다. 주어진 나날을 마지막 하루처럼 살아야 한다.

탤런트 김자옥 씨가 평소 존경하는 시인인 이해인 수녀가 대장암 수술을 받고 입원했다는 소식을 듣고 서둘러 달려갔다. 한시바삐 희망을 드리고 싶어서였다.

"수녀님, 자신을 가지세요. 저는 대장암 수술을 받고 이렇게 건강해졌습니다. 수녀님도 금방 회복될 거예요."

그 후 얼마 안 있어 김자옥 씨는 웃으면서 저세상으로 떠났고, 이해인 수녀는 몰라보게 좋아졌다. 어쩌면 맘씨 고운 김자옥 씨가 자기의 영적 스승인 이해인 수녀에게 자기 생명을 남겨드리고 떠났는지도 모른다.

이해인 수녀의 오빠 이인구 교수는 광고계의 거목이자 나와는 죽마고우다. 그는 신부가 되려고 했으나 어른들이 말려 대를 잇게 되었다. 어느 날 그에게서 전화가 걸려왔다.

"우리 삼 남매가 모두 암을 앓고 있어. 어떻게 이럴 수가 있나?"

"삼 남매의 신앙심은 하늘에서도 알고 있어. 특별히 예수님의 고통을 간접경험하게 해주는 은총이라고 생각되네."

"자넨 건강하지?"

나는 어려서부터 지금까지 아픔과 함께 살아왔다. 평생 아프지 않고 지낸 날이 손가락으로 셀 정도다. 강연할 때마다 이런 지적을 받는다.

"교수님은 남을 웃기면서 왜 자신은 웃지 않습니까?"

사실 진통제를 맞아야 할 정도의 고통을 참으면서 강연하다 보니 웃음이 나올 수가 없었던 것이다. 온몸을 바늘로 찌르는 것 같은 고통 속에 살아왔지만 나이가 들수록 차츰 통증이 줄어들어 평생 중에 지금이 가장 좋은 상태가 된 것이다. 생각해 보면 아픔이 생명의 은인 같다. 건강했다면 주색잡기로 일찌감치 저세상에 초대받았을 것이고, 신나게 노느라 책 한 권 썼을 리가 없다. 고통을 잊기 위해 평생 독서와 집필을 했는데 책을 쓰거나 읽을 때는 집중력 덕택에 아픔을 잊었던 것이다.

이 세상은 저세상으로 가기 위한 준비 학교다. 저세상에 가려면 저세상에 대해서도 열심히 공부해야 한다. 이 세상에 영원히 남는 것은 살아있을 때의 이미지다. 아름다운 발자취를 만들어 보자.

아름다운 이별을 위한 Tip 10

01. 주변 정리를 깨끗이 하라. 사람 정리, 물품 정리, 생각 정리….

02. 감사하라. 빈손으로 태어나 옷 한 벌은 건진 거다.

03. 어떤 일이건 용서하라. 용서는 사랑의 완성이다.

04. 장례식 때 울고불고하지 마라. 알고 보면 축제다.

05. 형식에 얽매이지 마라. 물처럼 바람처럼 살다 가라.

06. 남을 배려하라. 이 세상 친구는 저세상에서도 친구다.

07. 즐겁게 살아가라. 즐거움에 익숙해야 즐거운 곳에 배치된다.

08. 투명한 영혼의 주인이 되어라. 영혼은 영원히 남는다.

09. A교수는 이별 준비의 하나로 가까운 인연들에게 일일이 손편지를 써서 발송했다.

10. 기도를 생활화하라. 기도는 어느 세상에서나 통용된다.

3장

훌륭한 가족을
만드는 화술

Your words
become
Your destiny

본래 가족이 줄 수 있어야 할 근본적인 만족을,

가족이 공급할 수 없다는 것이 현대 어디서나 볼 수 있는 불행이며

불만의 가장 뿌리 깊은 원인의 하나이다.

_B. 러셀

남편
길들이기

    교회의 신도 수가 점점 줄어들어 매년 7,000여 개의 교회가 문을 닫는 것이 오늘의 현실이다. 그러나 모든 교회가 여기에 해당되는 것은 아니다. B목사는 기업체 레크리에이션 강사 출신으로 사람을 즐겁게 하는 방법에 도가 텄다고 할 수 있다. 그는 설교에 마술과 유머를 집중적으로 도입했더니 점점 신도 수가 늘어나서 10년 만에 3,000명을 넘었다고 한다. 사람을 움직이는 힘은 진리와 감동 그리고 즐거움이다. 설교가 길어지면 아무리 좋은 설교라 해도 빛을 보지 못한다. 배고픈 데 장사가 없다는 것을 잘 아는 사람이 명설교자이고, 대부분 설교를 15분 내로 끝낸다. 더 듣고 싶어 할 때 끝내는 것은 고도의 심리전이다. 연속극이 언제나 더 보고 싶은 마음이 들게 만들어 놓고 끝나는 것과 다를 바 없다.

자녀가 잘못했을 때 길게 야단치는 부모가 있다. 그러나 야단치는 시간이 길어지면 길어질수록 아이는 반성보다 반발심만 커진다. 얼마 있다 보면 똑같은 잘못을 반복한다. 야단맞을 짓을 한 것은 사실이지만 야단을 맞은 것으로 상쇄되었다고 느끼기 때문이다. 나는 아이들이 잘못하면 5분간 시간을 주어 스스로 반성하게 한다. 스스로 무엇을 잘못했다고 말하면 어깨를 두드려주고 "나는 너를 믿는다, 잘 해보자." 하고 마무리한다. 그러면 다시는 같은 잘못을 저지르지 않는다.

어떤 아내는 거의 밤샘하는 수준으로 남편을 추궁한다. 마치 수사관처럼 유도신문을 하고 잠시 후에 똑같은 질문을 다시 던져 왜 아까와 답변이 다르냐며 윽박지르고 반성문까지 쓰게 한다. 이 정도면 수사관에게 조사받는 것 이상으로 남편은 스트레스를 받게 되고, 잘못이 없는데도 허위 자백까지 한다. 그래야 1시간이라도 자고 직장에 가서 일할 수 있기 때문이다.

그러나 이렇게 하면 반성은커녕 적개심을 불러일으켜 오히려 이혼으로 가는 지름길이 될 수 있다. 한 여성이 이런 식으로 남편을 자살하게 만들었다는 이야기를 들은 적이 있다. 문제는 이런 경우를 보고 듣고 자란 딸 다섯 명이 모두 이혼했다는 것이다. 보고 들은 대로 할 뿐 다른 방법은 모르기 때문이다. 말을 물가에 끌고 갈 수는 있지만, 말이 스스로 물을 먹지 않으면 아무 소용이 없다.

남편 길들이는 Tip 10

01. 말투는 내용을 담는 그릇이다. 부드러운 말투의 위력을 믿어라.

02. 내 마음이 고약하면 남의 말도 고약하게 들린다.

03. 덕담은 많이 할수록 좋고 공치사는 자살 폭탄이다.

04. 작은 실수는 덮어주고, 큰 실수는 단호하게 꾸짖어라.

05. 넘겨짚고 말하면 듣는 사람은 마음의 빗장을 닫아건다.

06. 사소한 변화에 찬사를 보내면 큰 것을 얻는다.

07. 무시하는 말은 바보도 알아듣는다.

08. 격려와 위로로 달래주어라. 그래야 반성한다.

09. 지적은 간단히 하고 칭찬은 길게 하라.

10. 사랑이라는 이름으로도 잔소리는 용서가 안 된다.

남편이여
각성하라

　나 하나 보고 시집와서 호강 한번 못 하고 평생을 지내온 아내에게 고맙다고 말하는 남편은 찾아보기 어렵다. 우리 시대 아내들은 노예보다 더한 중노동을 하며 눈물로 살다 보니 섭섭함이 뼈에 사무쳐 한이 되고 화병이 되었을 정도다. 섭섭함은 저절로 없어지지 않고 누적되어 평생을 간다. 환갑, 진갑 지난 남편 500명을 대상으로 조사한 결과, 고맙다는 말을 해본 사람이 2퍼센트도 안 되었다. 고마운 줄 뻔히 알면서도 그 말이 입에서 나오지 않아 오해와 섭섭함 그리고 적개심이 복합되어서 결국엔 행복 불능 환자가 된 것이다.

　우해춘 씨는 젊은 시절을 유한양행 · 한국화이자제약 · 오뚜기식품에서 일하며 뛰어난 아이디어로 많은 공로를 세웠고, 지금은 우/훼미리 마케팅 연구소를 개설하여 행복한 가정 설계를 강의하고 있다. 어느새 일흔이 넘었지만 체력과 정신력은 나이에 비해 10년쯤 젊은 듯하다. 아내를 행복하게 해주고 자신의 건강을 위해 운동하다 보니 젊음과 건강이 유지되는 것이다. 아내를 위해, 또 노년을 즐겁게 지내기 위해 가수가 되기로 한 그는 노래를 워낙 좋아해 녹음실에서 10여 년간 250곡의 노래를 녹음하며 실력을 길렀고 마침내 69세에 가수로 데뷔했다. 평생을 함께 살아온 아내를 위해 스스로 작사한 노래가 '여보 고마워요'다.

여보 고마워요
작사ㅣ우해춘, 작곡ㅣ김준, 노래ㅣ우해춘

1. 당신과 나 살아온 지도 어언 사십 년 세월
행복한 시절 슬펐던 시절 풍랑도 많았었지
못나고 부족했던 이 남편은 당신에게 짐이었지
그런 남편을 이해와 용서로 감싸주고 용기 주고
정성을 다해 건강하기를 기원해주니 여보 고마워요

2. 당신에게 의지하면서 보낸 사십 년 세월
어려울 때도 괴로울 때도 당신께 기댔었지
인생은 지금부터 시작이야 나에게는 꿈이 있지
다시 또 한 번 기회와 성공을 바라면서 인내하며 온 힘을 다해

격려해 주고 박수 쳐주니 여보 고마워요 여보 고마워요

이혼 소송 중에 있는 연예인 부부를 불러 이 노래를 들려주자 둘이 끌어안고 펑펑 울더니 앙금이 녹아내렸다. 노래 한 곡이 사람의 인생을 변화시켜준 것이다. '여보 고마워요.' 이 짧은 멘트만 가슴에 심어도 행복은 무럭무럭 자라난다.

남편이 반성해야 할 일 Tip 10

01. 가장 소중한 사람은 아내다. 아내를 섭섭하게 했다면 무릎 꿇고 회개하라.

02. 아내의 말에 귀 기울여라. 마음을 풀어주는 것은 남편 몫이다.

03. 모임에 같이 다녀라. 혼자 곤드레만드레해서 오는 남편은 각성해야 한다.

04. 아내의 기념일을 기억하라. 이날을 잊지 않고 있음을 표현해야 한다.

05. 아내의 잘못을 추궁하지 마라. 추궁하면 남편이 아니라 수사관이다.

06. 아내의 심정이 되어 말하고 행동하라. 그래야 하나가 된다.

07. 아내의 잘못엔 한 눈을 감아라. 잘할 때는 두 눈을 크게 떠라.

08. 잘못하고 구렁이 담 넘어가듯 하지 마라. 자수해야 광명 찾는다.

09. 자녀에게 엄마의 훌륭한 점을 홍보하라. 바보들은 약점만 공개한다.

10. 아내를 변화시키려 하지 마라. 내가 변하면 아내도 저절로 변한다.

부부 싸움
이기는 법

어느 집안이나 부부 싸움 없는 가정은 없다. 지나고 보면 별것도 아닌 일을 가지고 울고불고 헤어지는 일도 다반사다. 옛날 어른들 은 "참아야 하느니라."고 점잖게 타일렀지만 참다 보면 화병이 생 겨 안 참느니만 못 하게 되기도 한다. 부부 싸움은 할 수밖에 없는 것이지만 모든 싸움에는 룰이 있듯이 부부 싸움에도 룰이 있다. 높 은 언성이나 욕설은 금지하고 시간을 정해 놓고 문제점에 대해서 만 싸우는 것이다. 문제 해결이 목표임에도 말꼬리를 잡고 끊임없 이 공격하는 사람도 있다. 이는 싸워야 할 문제와는 별개다. 또 자 녀 앞에서는 절대로 싸워서는 안 된다. 당사자는 별것 아닐지 몰라 도 자녀에게는 큰 충격이 되어 마음의 상처가 평생 지속된다. 부부 싸움을 보고 자라난 자녀는 결혼 후 부모보다 더 치열하게 싸운다.

이처럼 보고 들은 대로 하는 것을 학습 효과라고 한다.

이혼 부부의 90퍼센트 이상이 부부 싸움에서의 반칙이 원인이 되곤 한다. 부부 싸움은 이기고 지는 싸움이 아니라 문제 해결이 목적인데 항복을 받으려고 하다 폭력 사태까지 벌어진다. 부모가 부부 싸움으로 이혼한 가정에서 자라난 자녀의 75퍼센트가 결혼 2년 안에 이혼하거나 별거한다. 이런 불상사를 예방하고 함께 승리하기 위해서는 룰을 정해 놓고 싸우되 가능하면 밖에 나가서 싸울 것을 고려할 필요가 있다. 밖에 나가 싸우면 남의 이목을 고려해 집 안에서 싸우는 것처럼 치열하지 않을뿐더러 자녀에게도 충격을 주지 않기 때문이다.

결혼식을 마치고 신혼여행 가려고 공항에 갔다가 싸우고 되돌아온 여인이 있다. 그녀의 아버지는 교육자로 이름난 분인데 그녀는 어머니의 급한 성격을 닮아 어떤 일이 생기면 참지 못하고 반격한다. 그동안 남자와 교제한 경험이라도 있었다면 모르겠지만, 엄격한 가정에서 자라 교제 경험도 없고 오로지 "남자는 도둑놈"이라는 말만 들으며 살아왔다. 대학을 졸업하고 바로 어른들이 시키는 대로 결혼했던 것인데 공항에 도착하자마자 남자가 가진 돈을 다 내놓으라고 하자 한바탕 난투극이 벌어졌던 것이다. 남자는 자기가 관리하겠다고 한 건데 여자는 남자가 돈을 뺏으려 한다고 착각한 것이다. 부부 싸움의 목표는 화해와 협력이다. 공격은 서로에게 상처만 줄 뿐이다.

부부 싸움을 이기는 Tip 10

01. 그동안의 노고부터 치하하고 싸움을 시작하라.

02. 시간을 정해 놓고 싸워라. 연장전은 안 된다.

03. 말의 내용보다 말투가 중요하다. 부드러운 언어를 사용하라.

04. 잘잘못을 따지지 마라. 부부 싸움의 목적은 따지기가 아니라 화해다.

05. 욕설은 언어폭력이다. 폭력은 금지다.

06. 싸워야 할 내용만 가지고 싸워라. 요점에서 이탈하여 삼천포로 빠지면 안 된다.

07. 배고플 때 싸우면 폭력적이 된다. 밥부터 먹고 싸워라.

08. 자녀에게 누구 편이냐고 묻지 마라. 단둘이 있을 때 싸워라.

09. 부부 싸움은 약점 찾아 때리기가 아니다. 공동 승리가 목표다.

10. 싸움이 끝난 다음 화해의 건배를 해라.

자녀를 훌륭하게
만드는 힘

자녀에게는 열 첩 보약보다 따뜻한 말 한마디가 자신감을 심어 준다. 그런 것을 모르고 부모의 기분대로 짜증을 내면 불안, 공포 등 부정적인 감정만 심어주게 된다. 자녀에게 들려줘야 할 말은 자신감, 희망, 행복 등 긍정적인 감정이 깃든 언어다. 부모는 자녀에게 세상에서 가장 믿을 만한 대상이므로 어떤 말을 들려주느냐에 따라 자녀의 미래가 천국도 되고 지옥도 된다.

아이들도 자라나며 좌절, 슬픔을 경험할 때가 있다. 이때 필요한 것은 따뜻한 위로의 말이다. 자녀가 하는 일이 서툴러도 아이를 인정하고 칭찬해 주어야 한다. "나도 네 나이 때는 그랬단다."라고 말해 주면 마음이 열리지만, "이걸 일이라고 했냐?"고 야단치면 마음이 굳게 닫혀 버린다.

아이는 세상에 태어나 처음 경험하는 일이 많아서 한 가지에 집중하기보다는 이것저것에 관심이 많다. 어떤 일을 해내기까지 아이는 어른보다 더 큰 노력을 기울여야 하므로, 그 과정을 인내심을 가지고 기다려주고 칭찬해 주어야 한다. 아이가 뭘 하겠다고 하면 "안 돼."라는 말보다 "네가 하고 싶은 대로 해봐."라는 말이 억압된 감정을 해방시켜 준다.

자녀는 언젠가는 부모 품을 떠나 홀로 서기를 하기 때문에 아이에게 독립심을 키워주어야 한다. 대부분의 부모들은 아이가 스스로 하기를 바라면서도 잠시를 참지 못하고 간섭을 한다. 간섭하며 키우면 당연히 아이의 독립심은 없어지고 만다. "네가 하고 싶은 대로 하는 것도 좋은 일이야. 엄마 아빠는 널 믿어."라고 자신감을 북돋워주면 아이는 능동적으로 일을 해내고 스스로를 책임질 줄 아는 사람으로 자라난다.

자녀를 훌륭하게 만들어주는 Tip 10

01. "나는 너를 믿는다. 걱정하지 말고 해봐."

02. 칭찬을 자주 하되 구체적으로 하라. 아이가 더욱 잘하게 된다.

03. 아이의 작은 성취에도 뛸 듯이 기뻐하라. 자녀가 감동한다.

04. 간섭은 절대 금지. 자연스럽게 관조하라.

05. 있는 그대로 사랑하라. 그래야 자신감을 갖게 된다.

06. 소극적이고 소심한 아이에게 부모의 격려는 절대적이다.

07. 일관성 있게 칭찬하라. 이랬다저랬다 하면 혼란스러워한다.

08. 잘못하면 알아듣게 지적하라. 그냥 놔두면 계속 문제를 일으킨다.

09. 잘하면 상을 주고 잘못하면 벌을 주어라. 그래야 빠르게 철이 든다.

10. 어른의 감정으로 야단치지 마라. 작은 상처도 평생 간다.

훌륭한 자녀를
만드는 화술

훌륭한 자녀는 가문의 영광이고 국가의 보배다. 많은 부모가 자녀의 성적에 집착하다 보니 자녀가 학교에서 돌아와도 성적에 관한 얘기만 하고 대화를 싫어한다. 그러나 훌륭한 말씨를 쓰는 자녀가 성공한다는 것을 부모는 모르고 있다. 한번 형성된 언어 습관은 평생 가기 때문에 어려서부터 말하는 습관이 중요하다.

어떤 엄마는 남편 때문에 화난 화풀이를 자녀에게 한다. 자녀 입장에서 보면 마른 하늘에 날벼락이다. 요즘 어린이 신경정신과 환자가 급증하고 있다. 어른들 입장에서는 애들이 무슨 스트레스를 받겠느냐고 고개를 갸웃거리지만 아이들이기 때문에 작은 자극에도 예민하게 반응하는 것이다. 부모들은 그것도 모르고 오로지 담임 선생님이나 친구 때문이라고 착각한다. 얼마 전 전교 3등 하던 여학생이 아파트 옥상에서 뛰어내린 사건이 있었다. "왜 너는 일등을 못 하느냐?"는 엄마의 성화를 감당하지 못했기 때문이다.

부모 입장에서는 당연히 성화를 할 수도 있다고 생각할 테지만 당사자는 그렇게 받아들이지 않는다. 그 자신은 최선을 다했는데 자기보다 우수한 아이에게 밀렸을 뿐이지 1등을 하기 싫어 안 한 것이 아니다. 탤런트 김태희의 중·고등학교 성적표가 공개되었는데 모든 과목에서 한 번도 1등을 놓친 일이 없었다. 태어날 때부터 뛰어난 유전인자를 갖고 있었다고밖에는 설명이 안 된다. 사람은 각자 다르게 태어나기에 비교한다는 것 자체가 무리일 것이다.

박세리 이후 여자 프로골프 붐이 일어나 어디를 가나 우리 선수 때문에 외국 선수가 오금을 펴지 못했다. 내 지인의 딸은 초등학교 때부터 골프를 배워 프로가 되었는데 매달 500만 원이 들었고 그동안 10억 원 정도가 투입되었다고 한다. 50위 안에 들어야 시합에 나갈 수 있는데 운이 좋아 49위를 하면 시합에 나가고 운이 나빠 51위 밖으로 밀리면 탈락한다고 한다. 그러면서 올 한 해 벌어들인 돈이 250만 원이라고 했다. 그러나 언제쯤 기회가 온다는 보장도 없다. 실력 있는 후배들의 추격도 만만치 않아 가족은 물론이고 당사자도 초비상이다.

"2~3년이 고비입니다. 그사이에 기적이 나타나면 몰라도 그렇지 않으면 방법이 없습니다. 집에서도 애한테 할 말이 있어도 말도 못 붙여요. 스트레스받을까 싶어서 온 가족이 비상입니다."

부모가 자녀에게 해서 좋은 말은 칭찬과 격려요, 해서는 안 될 말은 간섭이며, 풍부한 독서는 사고의 토대가 되므로 좋은 책이 최고의 선물이 된다.

훌륭한 자녀를 만드는 화술 Tip 10

01. '고맙습니다', '할 수 있어요' 같은 말을 하게 하자. 어떤 말을 하다 보면 그런 감정이 생긴다.

02. '기분이 좋아요'라고 말하면 기분이 좋아지고 '짜증 나' 하면 정말 짜증이 생겨난다.

03. 존댓말을 하도록 가르치자. 존댓말을 사용하면 어른에 대한 존경심이 생겨난다.

04. 자녀가 할 말을 대신 하지 마라. 그래야 생각을 정리하는 능력이 생긴다.

05. 말을 잘못해도 끝까지 들어주고 잘하면 맞장구를 쳐주자.

06. 발표문, 기도문을 스스로 쓰게 하면 자연스럽게 발표 능력이 길러진다.

07. 때와 장소에 맞게 말하게 하라. 아무 데서나 눈치 없이 굴 수가 있다.

08. 논리적으로 말하게 하라. 감정을 앞세우면 논리를 상실하게 된다.

09. 긍정적으로 말하게 하라. 거친 말투나 욕을 했는데도 그냥 두면 아이를 망친다.

10. 주제가 있는 토론을 자주 하라. 신문을 펴 놓고 폭넓은 주제로 토론해 보자.

장학생
되는 법

대학생이나 학부모의 꿈은 반액 등록금이다. 반액 등록금도 사실상 불가능한 것은 아니지만, 그러면 교육의 질도 절반으로 줄어든다. 교육은 투자다. 투자하지 않고 세계 경쟁에서 이기겠다는 것은 구식 무기로 미사일과 싸우겠다는 말과 다를 것이 없다. 20년 정도 되었나 보다. 나는 용돈 한 푼 안 쓰고 모은 돈을 톡톡 털어 모교에 발전 기금으로 내놓았다. 무명 작가가 경제적 여유가 있을 리 없지만 그래도 한 푼 두 푼 모으다 보니 학생 몇 명의 등록금이 되었다. 모교는 나를 키우고 오늘의 나를 있게 해준 어머니의 품과 같고, 후배들은 동생과 같다. 우윳값이 없어 영양실조에 걸린 동생을 돕는 기분으로 나 나름대로 큰 결심을 한 것이다.

대학 졸업하고 취업이 잘 되면 좋겠지만 경쟁 사회에서는 눈에 띄지 않으면 대부분 탈락이다. 특기가 있거나 장학생이라면 이야 기가 달라진다. 스포츠나 IT 분야에서 우승한 실력자라면 공부를 하지 않아도 된다. 내가 아는 한 학생은 4년 장학생이었는데 여기 저기 오라는 데가 많아 고심을 했다. 장학생을 목표로 하는 것이 가장 쉬운 방법이다. 막노동을 하며 서울대 법대에 수석으로 입학 한 장승수 씨가 쓴 책 제목은 『공부가 가장 쉬웠어요』다. 그는 지금 강남에서 변호사로 이름을 날리고 있다. 일전에 『놀면서 대학 가 기』라는 책을 펴낸 적이 있다. 노는 것처럼 즐겁게 공부하는 방법 에 관한 책이었다. 즐겁게 공부하면 실력은 누가 뒤에서 매달려도 저절로 올라간다.

종로 YMCA는 성적을 올리기 위해 수강하는 학생들로 바캉스도 없이 붐빈다. 전뇌학습아카데미 김용진 박사에게 속독과 두뇌 계 발 훈련을 받으려고 온 학생들이다. 지난 학기에는 같은 과에서 중 하위권이었던 학생이 모든 과목에서 A+를 받는 기적 같은 일들이 비일비재하게 벌어졌다. 50세의 방송작가 고은희 씨는 중학교 3학 년 아들과 함께 배우는데 두 달도 채 안 되어 독서 능력이 30배 향 상되었다. 김용진 박사는 우리나라에서 100명의 노벨상 수상자를 만들기 위해 노력하고 있다.

장학생이 되기 위한 Tip 10

01. 손에 든 책에 감사하고 공부를 시작하라.

02. 명상을 한 다음 책을 펴라. 집중력이 급격히 높아진다.

03. 폭소를 터뜨리고 공부하라. 집중력이 30퍼센트 향상된다.

04. 공부하는 중간중간 신나는 노래를 불러라. 에너지가 충전된다.

05. 스마트폰을 끄고 공부하라. 스마트폰은 공부를 방해하는 물건이다.

06. 두뇌 계발은 신무기 개발과 같다. 남보다 나은 무기여야 경쟁력이 생긴다.

07. 50분 공부하고 10분 쉬어라. 쉴 때는 맨손체조가 효자 노릇을 한다.

08. 공부방부터 정리 정돈하라. 마음이 청정해진다.

09. 공부에 대한 부담을 줄이고 놀이처럼 공부하라.

10. 감사 기도를 하고 잠을 자라. 학습한 것이 살아서 숨 쉰다.

협상
잘하기

혈압이 높아 20여 년간 S병원에 다니고 있다. 담당 의사가 해외 연수를 떠나서 새로 온 의사에게 진료를 받는데 아무리 이해하려고 애써도 이해가 안 됐다. 먼젓번 의사는 이것저것 묻고 나의 대답을 귀담아들었다. 그러나 새로 진료를 맡은 의사는 진료실 밖에 있는 혈압계로 혈압을 잰 뒤 차례가 되면 그 수치를 적은 쪽지를 들고 들어가서 의자에 앉은 순간부터, 웃옷을 올리고 가슴에 청진기를 대고는 이내 "됐습니다, 나가 계세요."라고 말하는 데까지 단 7초밖에 걸리지 않았다. 밑도 끝도 없이 됐다니 죽을 때가 됐다는 건지 더는 오지 않아도 된다는 말인지 소통이 되지 않았다.

동네에 있는 단골 약사에게 말했더니 자신도 혈압약 처방을 받으려고 동네 의원을 이용한다며 그 의사를 만나보라고 소개해 주었다. 동네 의원을 찾아가니 교통비는 제외하고라도 1만 6,000원의 진료비가 1,500원으로 바뀐 것은 물론이고 이것저것 궁금한 것을 물어도 끝까지 친절하게 설명해 주어 고맙기 짝이 없었다.

종합병원에서는 의사 한 사람이 진료하는 하루에 200명이나 된다. 이 정도면 강철이라도 방법이 없다. S병원은 문제의 의사 때문에 20년 단골을 놓쳤다. 뿐만 아니라 내가 여기저기 말하고 다녔을 것은 당연한 이치다.

세상에는 크고 작은 분쟁이 끊임없이 일어난다. 이럴 경우 목소리 큰 사람이 이긴다는 생각에 다들 자기 목소리를 내기에 바쁘다. 상대방의 처지에서 생각해 보려는 사람은 많지 않다. 아파트 안에서도 층간 소음이나 주차 문제 때문에 이웃끼리 하루에도 몇 번씩 낯을 붉힌다. 층간 소음 때문에 벌어지는 소송은 약과요, 살인까지 발생한다.

층간 소음이란 것이 신경을 쓰면 쓸수록 소리에 예민해진다. 우리 아이들은 고등학교 다닐 때 위층에서 의자 끄는 소리, 아이들 뛰노는 소리, 한밤중에 벽에 못 박는 소리 때문에 자기 방에서 공부를 할 수가 없어 독서실에 가서 밤늦게까지 공부를 했다. 그러면 아이들이 돌아올 때까지 어른들도 마음 졸이며 지키고 앉아 있어야만 했다. 하루는 딸아이가 돈이 필요하다며 받아 가더니 케이크를 사 가지고 와서 위층으로 올라가 자기소개를 했다.

"저는 아래층에 사는 이정은입니다. 저도 아이 때는 많이 뛰었어요. 건강하면 잘 뛰지요. 그런데 제가 시험공부를 하다 보니 조금만 시끄러워도 집중이 잘 안 돼요. 제가 대학 들어가면 댁의 아이들을 무료로 가르쳐 드릴게요."

딸아이가 그렇게 웃으며 케이크를 전달하자 위층 집주인이 웃으며 받아 주면서 협상은 마무리되었다. 바로 그날부터 효과가 있었다. 아이들은 밤늦게 귀가하는 위험을 무릅쓰며 독서실에 가지 않아도 되었고, 어른들은 마음 편히 일찍 잠들 수 있었다. 딸아이는 고등학생으로서 이미 협상 능력을 인정받았을뿐더러 독서실 비용을 지출하지 않게 되었으니 결과적으로는 일거삼득이었다. 상대방을 이해하고 진지하게 고충을 들려주는 동안 이미 협상은 끝난 것이다. 인생이란 협상의 연속이라 할 수 있다. 내 딸 정은이는 일찌감치 협상에서 승리한 기록을 세운 것이다.

협상을 잘하는 Tip 10

01. 협상에 일방적인 승리란 없다. 누이 좋고 매부 좋은 것이 협상이다.

02. 안아주고 시작하라. 시작하기 전에 하나가 된다.

03. 진지하게 대하라. 그래야 편견이 생기지 않는다.

04. 눈높이를 같게 하라. 그러면 쉽게 통한다.

05. 협상은 공동 승리를 전제로 한다. 열심히 경청하며 맞장구를 쳐주어라.

06. 상대방을 인정하라. 그래야 나도 인정받는다.

07. 상대방의 가슴에 귀를 대라. 마음의 소리까지 들린다.

08. 밥 먹고 협상하라. 배고프면 짜증부터 생긴다.

09. 긍정적인 시각을 유지하라. 마음이 고약하면 상대방도 고약해 보인다.

10. 마음을 열어라. 그래야 소통된다.

빛나는
보석

다이아몬드가 비싼 이유는 흔히 보기 힘든 물건이기 때문이다. 세상의 돌이 전부 다이아몬드라면 돌멩이에 불과할 테지만 1,500톤의 바위를 깨뜨려야 1캐럿이 나올 정도다. 그만큼 쉽게 만나보기 힘든 물건이기 때문에 보석의 여왕 자리를 차지한 것이다. 사람도 보석처럼 빛나는 사람이 분명히 있다. 그러나 어떤 사람이 과연 보석인가를 모르기 때문에 묻혀 지내는 것이다.

어떤 농부가 어두운 새벽부터 들판에 나가 일하려고 걸어가다가 뭔가에 걸려 넘어질 뻔했다. 더듬더듬 만져보니 자루 속에 돌이 잔뜩 들어있었다. 농부는 돌을 꺼내 강으로 힘껏 던졌고 잠시 후 퐁당 소리가 들렸다. 농부가 돌을 하나씩 꺼내 던지는 동안 날이 밝아 왔다. 마지막 돌을 던지는 순간 해가 떠오르자 돌에서 번쩍하고 광채가 났다. 그가 심심풀이로 던진 돌이 모두 보석이었던 것이다.

상명대 13학번 영화영상학과 이연우 양은 천안 캠퍼스에서 공부하는데 어머니의 부담을 덜어 드리려고 근로장학생이 되었다. 물론 근로장학생이 이연우 양만 있는 것은 아니지만 연우 양은 특히 어머니에 대한 효심이 남달랐다. 어려서부터 책임감이 강했던 연우 양은 초등학교 때부터 지금까지 지각과 결석을 한 적이 없다. 감기 몸살을 앓아도 교실에서 앓고, 조퇴해도 좋다고 해도 수업이 끝날 때까지 버텼다. 자신의 의무를 이행해야 된다는 생각 때문이었다.

어버이날에는 꽃다발과 함께 자기를 낳고 길러주신 은혜에 감사한다는 글을 넣은 상패를 전달했다. 꽃은 시들면 버리지만 상패는 자기 대신 어머니를 지켜 드릴 것이라고 생각했기 때문이다. 상패를 받아 든 어머니는 그동안 힘들었던 것들이 봄눈 녹듯 녹아내려 감동의 눈물을 흘렸다. 지난 학기에 연우 양은 학점을 4.4를 받아 학부 수석을 차지했다. 어머니를 기쁘게 해드리려고 잠잘 시간을 아껴 공부한 결과였다. 근로장학생은 수업 시간 외에는 일을 해야 하기 때문에 공부할 시간이 부족하지만 어머니가 기뻐하실 것을 생각하면 정신이 번쩍 든다는 것이다. 오빠도 자신처럼 학원 문 앞에도 가 보지 않고도 스스로 공부하여 서울대학교에 들어갔다. 오빠는 사회복지사로 힘들게 봉사하는 어머니에게 등록금 걱정을 덜어 드리려고 서울대에 간 것이다.

일련정종을 창시한 니치렌 대선사는 부모에게 웃음을 보이는 것이 효도라고 강조했다. 연우 양은 스물네 시간 항상 웃는 얼굴이다. "웃으면 복이 온다."는 옛말도 있으니 복이 올 것은 당연한 일이다. 연우 양의 어머니 오서진 씨는 ㈜대한민국 가족지킴이 이사장으로 여러 학교나 단체에 출강하여 인성 강의를 하는데 반응이 가히 폭발적이다. 그리고 매년 '우리나라 우리 사회를 빛낸 사람'을 찾아 시상을 한다. 가정과 사회에 귀감이 되는 사람을 본보기로 삼아 모두가 위대한 한국인이 되게 하려는 뜻을 가지고 있다. 여자 혼자 큰일을 하려니 스트레스가 이만저만이 아니어서 자기도 모르게 죄 없는 딸에게 버럭 화를 낸 일도 있다고 한다. 그럴 때면 연우 양은 말대답을 하지 않고 "잘못했어요, 어머니." 하며 품에 안겨 눈물을 흘린다. 어머니는 그게 속상해서 또 야단을 친다.

"네가 무슨 잘못을 했냐?"

"저라도 들어 드려야지 누가 들어주겠어요?"

그러다 보면 어느새 속이 풀려 깔깔대고 웃는다. 오서진 씨는 월간 『가족』을 발행하고 이런 얘기들을 모아 단행본으로 출간했다. 어머니 오서진 씨에게 딸 연우는 인생 교과서인 셈이다.

이연우의 효도 법 Tip 10

01. 상스러운 말은 입에 담지 않는다. 사용하는 말이 인격이기 때문이다.

02. 행복한 가정이 행복한 국가를 만든다. 가족 사랑이 애국이다.

03. 어머니는 나의 생산자다. 내가 잘못하면 생산자가 욕먹는다.

04. 항상 웃는 얼굴을 보여드리자. 안 그러면 걱정이 생긴 줄 아신다.

05. 어머니는 나의 생산자이고 나는 나의 관리자다. 자기 역할을 충실히 하자.

06. 말대답은 하늘 보고 삿대질하는 것과 같다. 누워서 침 뱉지 말자.

07. 수입은 어머니와 5 대 5. "뭐 이런 걸 다."라고 하시지만 기쁜 표정이 역력하다.

08. 어머니에게 힘이 되는 자식이 되자. 힘들게 하면 불효가 된다.

09. 어머니를 기쁘게 해드릴 생각을 하면 내가 기뻐진다. 그게 새로운 경제 원리다.

10. 수시로 안부를 전하자. 나는 어른이지만 엄마에게는 아이들이다.

마음도
휴식이 필요하다

군인들의 훈련이 끝나면 "열중 쉬어." 구호에 이어서 "편히 쉬어." 소리가 들리면 원수 같던 조교도 천사로 보인다. 힘든 훈련을 마친 뒤 10분간의 휴식은 세상을 얻은 것처럼 행복하다. 직장인이 느끼는 출근 시간과 퇴근 시간의 차이는 극과 극이다. 군대로 치면 출근은 입대요, 퇴근은 제대다. 퇴근 후 가정으로 돌아가 완벽한 휴식을 취하지 않으면 몸도 마음도 온전하기 힘들다.

나 또한 지금도 아침에 사무실로 출근했다가 저녁에 퇴근하는 것은 일반 직장인과 다를 바 없다. 내가 하는 일은 집필이어서 어디서나 가능하지만 집에서 일하다 보면 아무래도 긴장감이 없어진다. 저녁이면 일을 마치고도 해방감을 느낄 수 없을뿐더러 그날이 그날 같아 재미도 없고 숨통이 막힌다. 그래서 평생 직장인이 되기로 선언한 것이다. 집에 있다 보면 별것 아닌 일로도 다투지만 날마다 출퇴근을 하면 아침에는 아쉬운 이별을 하고 저녁에는 반가운 만남 속에 살 수 있는 것이다.

퇴직 후 병이 들거나 사망하는 경우가 급격히 늘어나고 있다. 하릴없이 집에 누워 간섭하는 남편을 좋게 생각하는 아내는 없기에 다툼이 늘어난다. 평생 이겨 본 일이 없는 남편들은 집에서라도 이기고 싶어 할 수도 있지만 그런 마음을 아내가 알 리 없기에 크고 작은 분쟁이 끊이지 않는다. 지혜로운 여자들은 자진해서 져 주기도 하지만 대부분 끝까지 이기려고 싸우다가 헤어지기도 한다.

알고 보면 별문제도 아닌데 서로 한 치도 양보하지 않으려는 것은 마음먹는 법을 모르기 때문이다. 평생 먹다 보니 밥 먹는 것은 익숙해도 마음은 먹어 본 일이 없어 서투른 것은 어쩔 수가 없나 보다.

혀는 마음이 하는 말을 남에게 들려주지만, 마음의 언어는 생각이어서 하루에도 열두 번은 밀물과 썰물처럼 들고 난다. 휴식이라고 하면 몸이 쉬는 것으로 생각하지만 몸보다 마음이 먼저 쉬어야 한다. 몸만 과로로 지치는 것이 아니라 마음도 과로하면 지치기는 마찬가지다. 그래도 몸은 밤에 잠이라도 자지만 마음은 불침번이다. 이 생각 저 생각 꼬리에 꼬리를 물어 아침에 깨어나도 정신이 몽롱하고 눈이 떠지지 않는다면 마음이 휴식을 못 해 항의 데모를 하고 있다는 뜻이다.

『동의보감』에 "마음의 혼란에서 병이 시작되고, 마음의 안정을 찾는 것으로 병이 스스로 치유된다."고 했다. 몸의 주인은 마음인데 주인이 쉬지 못하면 종업원도 지치는 것은 당연한 일이다. 마음이 지치면 부정적인 정보에 몸도 함께 동조하면서 없던 병까지 생겨난다. 요즘 우울증 환자가 늘어나고 자기감정을 억제하지 못해 아무 상관도 없는 사람을 살상하는 경우가 늘어나고 있다. 마음의 평화를 유지하는 것이 평생의 건강과 행복을 지키는 일이다.

마음을 쉬게 만드는 Tip 10

01. 병든 마음이 병을 끌어들인다. 스스로 힐링하라.

02. 병의 80퍼센트 이상은 부정적인 생각이 만든다. 긍정과 동업하라.

03. 마음속에도 쓰레기가 있다. 부지런히 청소하라.

04. 없어진 것에 집착하지 마라. 생각이 생각을 끌고 온다.

05. 하늘을 보며 마음을 높이고, 바다를 보며 마음을 넓혀라.

06. 감사하면 감사할 일이 생겨난다. 확신하라.

07. 좋은 생각이 좋은 마음을 만든다. 사랑, 감사, 용서, 정직, 기쁨 등과 함께하라.

08. 미움, 원망, 불평, 불만, 의심 등은 우리의 마음을 황폐화시킨다.

09. 하지 않던 창조적인 일을 해보라. 기쁨이 샘솟는다.

10. 삶을 즐겨라. 즐거움은 천국을 만든다.

침묵의 힘

　코미디언 구봉서 씨는 신심 깊은 장로다. 어느 날 그가 기도할 차례가 되었는데, 마이크 앞에 서서 눈을 감은 채 아무 말도 않고 한동안 침묵을 계속하더니 드디어 입을 열고 "주님 감사합니다."라는 한마디를 하고 단에서 내려왔다. 고작 2~3초도 안 되는 기도였지만 몇 시간 하는 기도보다 깊은 감동을 안겨주었다.

　곽선희 목사의 설교는 둘째가라면 서러워할 명설교인데 15분을 넘지 않았다. 그런데도 감동을 안겨준다. 길어서 좋은 것은 여름방학밖에 없는데 마이크 앞에 서면 너나없이 시간이 길어진다. "주님 감사합니다." 속에는 수백 권의 명작을 읽는 것 이상의 에너지가 들어있다.

모든 것에는 때가 있다. 씨를 뿌려야 할 때가 있고 거두어 들일 때가 있으며 낚싯줄을 던져야 할 때가 있는가 하면 잡아채야 할 때도 있다. 이처럼 말해야 할 때가 있고 침묵을 지켜야 할 때가 있다. 이것이 바로 타이밍이다. 말할 때를 아는 사람은 침묵할 때도 안다.

어떤 부인이 정신과 의사를 찾아가 하소연을 했다. 남편이 너무 신경질적이고 잔소리가 심해 못살겠다고 하자 의사는 한참 고민하다가 처방을 내렸다.

"우리 병원 옆에 신비한 샘이 있는데 한 통 길어서 가져가 남편분이 귀가하면 한 모금 머금으세요. 그런데 머금기만 해야지 절대로 삼키면 안 됩니다. 처방대로 하시면 효과가 있을 겁니다."

부인은 처방대로 샘물을 길어서 돌아갔다. 그날도 밤늦게 귀가한 남편은 평소처럼 아내에게 짜증과 잔소리를 퍼붓기 시작했다. 예전 같으면 맞받아치며 싸웠을 테지만 그날은 처방대로 신비한 물을 입에 머금고 침묵했다. 그러자 얼마 지나지 않아 남편은 잠잠해졌다. 그날부터 부인은 남편이 잔소리를 시작하면 어김없이 신비의 샘물을 입에 머금었는데 얼마 지나지 않아 남편은 신경질이 줄고 함부로 하던 말과 행동도 몰라보게 달라졌다. 부인은 다시 의사를 찾아갔다.

"선생님, 너무 감사합니다. 신비한 샘물이 남편을 바꿔 놓았어요."

"남편분이 변한 것은 당신의 침묵 덕분입니다."

말을 배우는 데는 2년이 걸리지만, 침묵을 배우려면 60년이 걸린다. 말할 때를 아는 사람은 침묵할 때도 안다. 설득의 명수는 침묵의 제왕이다.

침묵을 힘으로 바꾸는 Tip 10

01. 웅변은 은이고 침묵은 금이다. 자신을 격상시켜라.

02. 마음은 마음으로 통한다. '심심(心心)free'를 하라.

03. 장롱 속 사향의 향기가 천 리를 간다.

04. 잘 짖는 개는 명견이 아니다. 명견은 짖지 않는다.

05. 말을 절반만 줄여라. 인기는 10배로 올라간다.

06. 상대방의 약점에 대해서 침묵하라. 장점에 대해서는 마이크를 잡아라.

07. 억울할 때 침묵하라. 시간이 흐르면 진가가 나타난다.

08. 제 자랑에는 마가 낀다. 독배를 조심하라.

09. 남을 비난할 때 동조하지 마라. 자칫하면 덤터기를 쓴다.

10. 변명이 나올 때는 혀를 깨물어라. 하늘이 알고 땅이 안다.

고정관념에서
벗어나기

많은 사람이 안 되는 이유를 찾느라 시간과 정력을 낭비한다. 그러나 안 되는 이유가 있다면 되는 이유도 있다. 내가 보고 느끼는 것만 내 것이 되는 것이다. 태양은 우리를 끊임없이 비추고 있지만 그림자에 집착하면 태양은 영원히 보지 못한다. 몸을 180도 돌리면 되는 것을, 그림자만 보며 한탄하는 어리석음을 보이는 것이다. 어려서부터 학습된 사람은 거기에서 벗어나지 못한다. '너는 왜 그 모양이냐'라는 소리를 듣고 자란 자녀는 커서도 시도도 안 해보고 포기하지만, '너는 할 수 있다'라는 말을 들으며 자란 아이는 놀라운 창의력을 발휘한다.

나는 사람들과 내기하기를 좋아한다. 그중 하나가 미로의 길 찾기인데 큰 네모 안에 꼬불꼬불한 길이 있고 한쪽은 입구가 다른 한쪽에는 출구가 있다. 이것을 가지고 누가 먼저 길을 찾느냐로 승부가 결정되는데, 나는 남보다 10배 빠르게 길을 통과한다. 너나없이 입구로 들어가 출구로 나가려고 하다가는 여기서 막히고 저기서 막힌다는 것을 알기 때문에 나는 반대로 출구로 들어가 금방 입구로 나온다. 입구는 들어가는 곳, 출구는 나오는 곳이라고 생각하는 것이 바로 고정관념이다. 전철역도 출구와 입구가 따로 있는 것이 아니다. 고정관념의 노예가 되느냐 고정관념에서 탈피하느냐에 의해 자신의 미래가 달라진다. 지금의 여건이 좋고 나쁘고는 문제가 아니다.

고정관념에서 벗어나기 위한 Tip 10

01. 대학, 대학 하지 마라. 김대중 · 노무현 대통령도 고졸 출신이다.

02. 걱정에서 탈피하라. 걱정하면 걱정할 일만 생겨난다.

03. 막노동을 하며 서울대 법대에 수석 입학한 장승수 씨는 『공부가 가장 쉬웠어요』라는 책을 펴냈다. 처음부터 안 될 거라고 지레 포기하지 마라.

04. 서울시 환경미화원이 100억 원대 부동산 부자가 되었다. 누구에게나 자기 나름의 특기가 있다.

05. 바보 소리를 들으며 초등학교 4개월 다닌 것이 학력의 전부인 에디슨은 발명왕이 되었다.

06. 산업 강사 우해춘 씨는 70세에 정식 가수로 데뷔했다. '여보, 사랑해요'가 타이틀 곡이다.

07. 나는 40세 이상 못 산다고 했는데 두 배의 나이가 된 지금이 가장 활기차다.

08. 1만 시간의 법칙에 따르면, 무슨 말이든 1만 시간 반복하면 이루어진다.

09. 같은 그릇도 밥을 담으면 밥그릇, 국을 담으면 국그릇이다. 내용이 중요한 것이다.

10. 평발은 걷기도 힘들다. 박지성 선수는 자기가 평발인 줄도 모르고 뛰어 세계 최고가 되었다.

좋은 아내
불량 아내

잘나가던 스타들도 배우자가 실패하면 미련 없이 떠나 버린다. 어제까지만 해도 죽고 못살던 아내가 며칠도 기다리지 않고 미련 없이 떠나는 것이 우리의 현실이다. 그래서 '자나 깨나 아내 조심', '자는 아내 다시 보자'는 우스개 같은 표어가 생겼는지도 모른다. 평생 평탄하게 사는 사람은 그리 많지 않다. 잘나갈 때도 있고 힘들 때도 있는 것이 인생이다. 진정 사랑하는 부부라면 힘들 때일수록 더욱 힘을 합친다. 커리어 우먼으로 이름을 날리던 E씨는 결혼 당시 60평 아파트를 소유하고 있었는데 결혼 25년이 지난 지금은 남편의 사업 때문에 집을 날리고 그 근처에서 세 들어 살고 있다.

"집 문제로 다투지 않습니까?"

"집이야 잠자는 공간인데 10평이면 어떻고 셋집이면 어떻습니까? 남편이 잘나갈 때는 얼굴 보기도 힘들었지만 요즘은 밤늦게까지 술잔을 부딪쳐 가며 웃으면서 대화의 꽃을 피우지요. 하숙집 아줌마에서 사랑하는 연인으로 변했어요. 아무리 남편 값이 폭락했어도 아파트 값과 비교하는 건 저를 무시하는 겁니다. 사랑과 희망으로 하나가 되어 있는 한 기적은 있으리라고 믿습니다."

돈을 잃는 것은 일부를 잃는 것이지만 희망을 잃으면 모두를 잃는 것이다. 그녀가 남편을 격려해 주는 것을 알고 있는 친구들은 좋은 술이 생기면 사랑의 건배용으로 마시라며 부부에게 보내주기도 한다. 그들을 아껴주는 사람이 그만큼 많다는 얘기다.

좋은 아내가 되는 Tip 10

01. 어려움이 생겨도 믿고 기다려주는 아내는 좋은 아내, 못 참고 떠나는 아내는 불량 아내.

02. 말끝마다 꼬투리를 잡는 아내는 불량 아내, 웃어 넘기는 아내는 좋은 아내.

02. 시댁 식구와 담 쌓고 지내면 불량 아내, 행사 때 빠지지 않으면 좋은 아내.

03. 칭찬과 격려는 좋은 아내. 비난과 험담은 불량 아내.

04. 자녀의 잘못을 감싸주기만 하면 불량 아내, 바르게 지도하면 좋은 아내.

05. 정리 정돈을 잘하면 좋은 아내, 집 안을 돼지우리처럼 하고 지내면 불량 아내.

06. 수입을 초과해 지출하면 불량 아내, 수입에 맞게 지출하면 좋은 아내.

07. 좋은 책을 꾸준히 읽으면 좋은 아내, 연속극에 매달려 있으면 불량 아내.

08. 이웃과 잘 지내면 좋은 아내, 충돌이 많으면 불량 아내.

09. 부지런하면 좋은 아내, 게으르면 불량 아내.

10. 좋은 아내는 좋은 습관의 주인공, 나쁜 버릇을 버리지 못하면 불량 아내.

행복을
만드는 기술

우리는 막연하게 행복을 꿈꾸지만, 행복은 꿈이 아니라 현실이다. 남을 지나치게 의식하다 보니 그보다 앞서지 못하면 불행하다고 느낀다. 자기 반에서 3등 한 학생이 자살한 사건이 있었다. "아무개는 1등을 하는데 너는 왜 3등밖에 못 하느냐?"라는 야단을 맞고 아파트 옥상에 올라가 투신한 것이다. "3등이나 했구나." 같은 말을 들었더라면 이런 일은 생기지 않았을 것이다.

행복하게 사는 것을 어렵게 생각할 필요가 없다. 이왕 해야 할 일이라면 즐겁게 하고, 좋아하는 일을 할 때는 더욱 행복해진다. 즐겁게 행동하고 행복한 표정을 지으며 행동하면 대뇌는 진실과 연출을 분간하지 못한다. 가장 좋은 친구는 자신이므로 자책하지 말아야 한다. 친구와 가족을 위해 시간과 노력을 투자하여 현재를 즐기는 것도 추천할 만하다. 인생은 즐기기 위한 여행이어서 즐거움을 만끽하면 느낀 만큼 행복해진다. 스트레스와 역경을 헤쳐 나갈 수 있는 나름의 방법을 준비하여 활용하고 자투리 시간을 이용해 생각을 정리해 보자.

지난해 5월 영국 공영방송 BBC는 4부작 다큐멘터리 제작을 위해 심리학자, 경영 컨설턴트, 자기 계발 전문가, 사회사업가 등으로 이루어진 '행복위원회'를 구성했다. 그들은 '행복 헌장'을 발표했는데 귀 기울일 필요가 있는 내용이다.

① Friend: 친구가 있어야 한다.

② Money: 쓸 만큼의 돈은 필요하다.

③ Works: 할 일 만들기.

④ Love: 세상을 움직이는 힘은 사랑이다.

⑤ Sex: 섹스에 대한 잘못된 관념은 재앙을 부른다.

⑥ Family: 가정에서 행복이 시작된다.

⑦ Children: 아이들은 가정의 꽃이다.

⑧ Food: 맛있는 음식은 우리를 행복하게 한다.

⑨ Health: 건강해야 한다.

⑩ Exercise: 기분이 좋아지는 지름길은 운동.

⑪ Pets: 반려동물은 행복을 더해준다.

⑫ Holidays: 일탈의 즐거움.

⑬Community: 나와 세상을 이어주는 공동체.

⑭Smile: 미소는 내 삶을 배로 행복하게 만든다.

⑮Laughter: 웃음이 행복을 증폭시킨다.

⑯Spirits: 긍정의 씨앗을 뿌려주는 행복의 길잡이, 영성.

⑰Age: 행복하게 나이 들기.

행복위원회는 이것을 2개월간 반복하여 학습하기를 조언하고 있지만 나는 나대로 행복 만드는 기술을 찾아보았다.

행복을 만드는 Tip 10

01. 감사 일기를 써라. 하루 10개씩 쓰면 1년이면 3,650개의 감사할 일이 발견된다.

02. 대화 상대가 있어야 한다. 말동무가 없으면 PC방에 갈 수밖에 없다.

03. 칭찬과 격려를 하라. 편지나 시를 써서 발송하는 것도 좋은 방법이다.

04. 영감을 주는 책은 밑줄 그으며 읽어라. 하루가 다르게 진화한다.

05. 100일간 덕담하라. 모든 시스템이 행복으로 변한다.

06. 피로하면 쉬어라. 피로는 만병의 시초다.

07. 시도 때도 없이 웃어라. 나도 모르게 행복 탐험대가 된다.

08. 자신을 위한 응원단장이 되어라. 붉은 악마의 응원을 복제하라.

09. 남을 위해 봉사하라. 행복 지수가 급격히 올라간다.

10. 이해가 있어야 한다. 집에서 이해해주지 않으면 짐승과 살 수밖에 없다.

마음을
움직이는 힘

한 여대생이 같은 대학의 남학생과 소개팅을 했다. 마음에 들진 않았지만 그렇다고 거절할 명분도 없어 만나기로 했다. 남학생은 만날 때마다 초콜릿을 선물하고 의자도 뒤로 빼주는 등 남자가 할 수 있는 최대한의 친절을 베풀었다. 여학생은 오히려 그것이 더 부담스럽게 느껴졌다. 그래도 다른 남자가 생긴 것은 아니었기에 가끔 차도 마시고 도서관에 함께 가는 정도의 가벼운 데이트를 하며 시간을 보냈다.

어느 날 여대생이 도서관 6층에서 책을 보다가 쉬려고 밖에 나와 보니 부슬부슬 비가 내리고 있었다. 커피 한 잔이 생각나 자판기로 향했는데 마침 고장이 나 있었다. 커피를 마시려면 1층까지 내려가야 했기 때문에 어쩔까 망설이고 있는데 그 남학생이 쏜살

같이 1층으로 뛰어 내려가 뜨거운 커피 두 잔을 들고 그녀 곁으로 다가왔다. 얼마나 뛰었던지 뜨거운 커피가 흘러 손목이 벌겋게 부어올라 있었지만 남학생은 아무렇지도 않다는 듯 말했다.

"커피를 들고 뛰면 절반은 흘릴 것 같아서 두 잔을 뽑아 왔어. 이렇게 합치면 한 잔이 될 거야."

그 말을 듣는 순간 여대생은 가슴이 뜨거워짐을 느끼고 자신도 모르게 울컥 눈물을 흘렸다. 이런 남자가 곁에 있는데도 그 훌륭함을 알아보지 못하고 이것저것 트집을 잡았던 자신이 부끄럽게 느껴진 것이다. 진심과 헌신 앞에는 꽁꽁 언 마음도 봄눈 녹듯 녹아 버린다. 커피 반 잔씩을 나눠 마신 이들은 결혼까지 이르러 알콩달콩 살고 있다.

호감 가는 상대의 마음이 굳게 닫혀있다고 실망하는 것은 성급한 행동이다. "단 한 번 윙크로 내 마음 줄까 봐……" 하는 노랫말도 있지 않은가.

대기업 임원인 S상무는 남자들에게는 당당한데 여자들 앞에서는 갑자기 말을 더듬고 머릿속에서 생각한 것과 다른 말을 내뱉는다. 사랑한다는 말을 준비했는데 자기도 모르게 비난이나 욕설이 튀어나온다는 것이다. 이러다 보니 교제를 해도 번번이 한 달을 넘기지 못했다. 그런데 올해로 50세가 넘어 혼자 살겠다고 마음먹고 나니 오히려 실수를 안 하게 되더라는 것이다. 이런 문제는 정신과 전문의와 상담하면 어렵지 않게 해결할 수 있다.

결혼을 백년대계라고 한다. 백 년의 문제인데 서둘러서 될 일은 아니다. 쉬 더워지는 방 쉬 식는다고, 모든 것이 빠르게 진행된다면 오히려 이상하다. 굳게 닫힌 마음도 진심 앞에서는 열리게 마련이다.

상대방의 마음을 여는 Tip 10

01. 믿음을 주어라. 믿음 없이는 진행되기 힘들다.

02. 열 번 찍어 안 넘어가는 나무는 없다. 이루어질 때까지 공략하라.

03. 자신의 가치는 자신이 만든다. 자기 가치를 높이도록 하라.

04. 약속을 남발하지 마라. 그러나 한번 한 약속은 100퍼센트 지켜라.

05. 끊임없이 향상하라. 퇴보하는 사람을 좋아하는 사람은 없다.

06. 밝은 표정을 만들어라. 자석처럼 사람을 끌어당길 것이다.

07. 상대방의 마음을 헤아려라. 그에 걸맞게 대처하라.

08. 상대방이 싫어하는 말과 행동을 하지 마라. 영점 처리된다.

09. 부드럽게 대하라. 강하면 부러진다.

10. 긍정인이 되어라. 부정적인 사람은 어디서나 폐기 처분된다.

나를 바꾸면
세상이 변한다

가끔 사람들이 찾아와 "제가 고쳐야 할 점이 뭡니까?" 하고 묻는다. 이런저런 점은 고치는 게 어떻겠냐고 하면 고맙다는 말은 없고 너나없이 변명하기 바쁘다. 결국 약점을 고치기보다는 있는 그대로 살아가겠다는 말로 들린다. 악플 때문에 자살하는 연예인도 종종 생기는데 정작 악플을 쓴 당사자는 자기가 잘못했다는 생각조차 하지 못하고 '그게 어때서?'라며 항변한다.

최고 지성이라고 일컫는 S대생들을 대상으로 "아버지가 몇 살까지 살았으면 좋겠냐?"라고 묻는 설문을 진행했더니 '63세'가 압도적으로 많았다. 자기들을 위해 돈을 벌 수 있을 때까지만 살고 퇴직 후 짐이 될 때쯤 없어지는 것이 좋겠다는 말이다. 이쯤 되면 부모 자식의 관계가 아니라 부모는 무조건 희생당하는 존재라는 생각이 든다. 살모사가 떠오른다. 살모사는 어미를 잡아먹고 자라나기 때문이다. 요즘 결혼을 않거나, 결혼하더라도 자식을 안 낳겠다는 사람이 늘어나고 있다. 모두가 생각해야 할 문제다.

나는 하루에 한두 권의 책을 읽는다. 몸이 아파 병원에 입원해 있을 때도 책 읽기는 계속된다. 집 안 청소를 하루만 안 해도 집이 거지꼴이 되듯 독서도 다를 것이 없다. 나는 책을 밥 먹듯 읽고 숨 쉬듯 읽어야 한다는 주의다. 안중근 의사가 옥중에서 쓴 "하루라도 책을 읽지 않으면 입에 가시가 돋는다."는 휘호가 나의 서재에 걸려있다. 가시가 돋친 입에서 나오는 말이 가시 돋친 말이다. 가시 돋친 말은 자기와 상대에게 상처를 입힌다. 요즘 상처를 입히는 것은 정치가만이 아니다. 부부간에도 상처를 입히고 부모 자식 간에도 상처를 입힌다. 스승과 제자 사이라고 예외는 아니다.

거지와 신사의 차이는 돈이 있고 없고가 아니다. 향내가 나면 신사 숙녀, 악취가 나면 거지다. 연설할 때 연사는 '신사 숙녀 여러분'이라고 하지 '거지 여러분'이라고 말하는 사람은 없다. 향기 나는 사람이 향기 나는 나라를 만든다. 너나없이 잘못을 고치면 장점만 남는다. 후손들에게 거지 같은 나라를 물려줄 것인가, 깨끗한 나라를 물려줄 것인가는 나의 말과 행동에서 결정된다.
한국은 먹고살 만한 나라다. 그런데 행복도는 꼴찌에서 맴돌고 자살률과 이혼율에서는 선두 주자다. 거지 같은 나라이기 때문에 이런 일들이 생겨나는 것이다. 우리 모두 나부터 반성하고 바꾸면 향기 나는 나라를 만들어 후손들에게 물려줄 수 있다.

세상을 변화시키기 위해 나를 바꾸는 Tip 10

01. 사람 위에 사람 없고 사람 밑에 사람 없다. 누구에게나 공정하게 대하라.

02. 힘 없을 때 당당하고 힘 있을 때 겸손하라. 사람 팔자 아무도 모른다.

03. 부드럽게 말하라. 말은 내용보다 말투가 중요하다.

04. 남이 싫어하는 일은 하지 마라. 싫다는 일만 골고루 하면 배척당한다.

05. 말수를 줄여라. 말이 많으면 실수가 늘어난다.

06. 지식이 많은 것을 자랑 마라. 지혜롭지 못함을 부끄러워하라.

07. 잘못했으면 인정하라. 끝까지 변명하는 것은 치졸한 태도다.

08. 경찰을 우습게 알지 마라. 나라에서 가장 중요한 사람이 경찰이다.

09. 자학하지 마라. 자신을 감싸 안아라.

10. 긍정 에너지를 접목하라. 세상이 나를 따른다.

자신을
완성시켜라

똑같은 상황인데도 유난히 불안 · 초조 · 긴장 속에서 갈등을 느끼는 사람에게는 하루하루가 지옥의 연속이다. 모아 놓은 돈도 없이 노후를 어떻게 보내야 할지 모르겠다는 생각 때문에 잠이 안 온다는 사람들이 한둘이 아니다. 한 가지 걱정이 해결되면 곧바로 또 다른 걱정을 붙잡고 늘어지는 사람을 걱정병 환자라고 부른다. 그런가 하면 설마 산 입에 거미줄 치겠느냐는 생각으로 느긋하게 살아가는 사람도 있다. 현재 내가 어떤 여건 속에 살고 있느냐가 아니라 어떤 마음으로 살아가느냐에 따라 행복도 불행도 만들어진다.

아침마다 강가에 나가 돌을 힘껏 물속으로 던지는 사람에게 왜 아침마다 쓸데없이 돌을 주워 강에 던지느냐고 물었다. 그가 자기는 그냥 돌을 던지는 게 아니라 밤새 쌓인 좌절, 갈등, 스트레스를 던지고 하루를 새롭게 시작하는 거라고 대답했다. 같은 일을 하면서 이 친구는 항상 활기차다. 아침은 하루의 시작이요, 새로운 출발이다. 시작이 좋아야 끝도 좋다는 말이 있다.

신학대학에 특강을 갔는데 유난히 얼굴이 어두운 청년이 눈에 들어왔다.

"어디 불편하십니까?"

"왜 이렇게 고달픈지 모르겠습니다."

"인생은 미완성이란 노래도 있지요. 당신은 아직 완전하게 만들어진 존재가 아니라 지금도 조물주께서 만들고 계시는 중입니다."

이 말을 하자마자 요란한 박수가 터져 나왔다. 그러나 그 사람만 미완성은 아니다. 이 세상에서 완성된 존재는 찾아보기 힘들다. 다만 누가 더 완성에 가깝게 다가서느냐가 있을 뿐이다. 나 역시 완성된 인간이 아니어서, 날마다 두세 권의 책을 읽고 자기 성찰을 하며 나의 부족함을 메우고 있다. 그럼에도 부족함을 느낀다.

자신을 완성시키는 Tip 10

01. 불평불만을 던져 버려라. 그것은 나를 파멸시키는 핵폭탄이다.

02. 남과 나를 비교 마라. 너는 너, 나는 나다.

03. 약점에 집착 마라. 그 뒤에 있는 장점을 찾아내라.

04. 신나게 일하고, 신나게 놀아라. 그것이 입신의 경지다.

05. 좋은 방법은 무수하다. 신제품을 개발하라.

06. 갈등, 번민은 휴지통에 버려라. 간직할 것은 따로 있다.

07. 기록을 갱신하라. 하루가 다르게 향상될 것이다.

08. 색안경을 벗고 사랑의 안경을 써라. 어둠도 대낮처럼 밝아진다.

09. 소통을 잘하라. 불통하면 힘들어진다.

10. 긍정의 언어만 사용하라. 말이 변하면 운명도 변한다.

경청과 인정의
기술

공은 날마다 포구의 남녀 백성을 좌수영 뜰에 모아 놓고 술과 음식을 대접했다. 평복을 입고 격의 없이 즐기면서 고기를 잡고 조개 캐면서 지나다닌 곳, 물이 소용돌이쳐서 배가 뒤집히는 곳, 암초가 있어 배가 부서지는 곳에 대한 이야기를 나눴다. 공은 하나하나 자세히 듣고 기억했다가 다음 날 아침 직접 현장에 가서 살폈다. 왜적이 쳐들어오자 후퇴하는 척하여 적들을 험지로 유인해 승리했다.

_성대중의 야사 『청성잡기』 중에서

충무공 이순신은 입보다 귀를 연 지도자다. 그가 희대의 지략가로 꼽힐 수 있었던 비결은 바로 '경청'이었다. 이순신은 부임하는 곳마다 '운주당'이란 공간을 만들었다. 일종의 군영 막사이자 개인 집무실이었다. 그는 "누구나 군사와 관련한 이야기가 있으면 운주당으로 오라"고 공포했다. 실제로 운주당에는 부하 장수들부터 말단 병졸들까지 드나들었다. 일종의 '아이디어 뱅크'를 만든 셈이다. 『난중일기』에도 "모든 일을 같이 의논하고 계획을 세웠다.", "밤낮 의논하며 약속했다." 같은 기록이 자주 등장한다.

이순신은 일반 백성들의 말에도 귀를 기울였다. 영조 시대에 대신을 지낸 성대중이 쓴 야사 『청성잡기』에는 이순신이 어민들에게 지형과 물살 등에 대해 자세히 묻고, 직접 부하들과 현장을 탐방했다고 기록되어 있다.

결혼이란 행복을 위한 평생 계약이다. 서로 안아주고 감싸주며 열심히 들어주고 '당신 말이 옳다'고 맞장구를 쳐주는 부부라면 굶기를 밥 먹듯 해도 하루하루가 천국이다. 그러나 말끝마다 토를 달거나 트집을 잡는 부부라면 100평짜리 아파트에 살아도 가시방석이 아닐 수가 없다. 부부 싸움은 사소한 말다툼에서 비롯되는데 결국 말다툼이 불화가 되고, 불화는 가정 파탄으로 이어지는 것이 대부분이다. 누구나 자기 말을 끝까지 들어주고 인정해 주기를 바란다. 그러나 성질이 급한 사람은 끝까지 들어주지 않고 묵살하거나 무시한다.

사람의 욕구 중에 으뜸이 인정(認定) 욕구다. 60점 맞던 아이가 80점을 맞으면 장족의 발전이다. 학교가 끝나기가 무섭게 시험지를 들고 집으로 달려가 엄마에게 보여준다.

"엄마, 나 80점 맞았어."

80점 맞은 것을 보고하는 것이 아니라 이만큼 향상된 것을 알아달라는 얘기다. 이때 엄마가 어떤 반응을 보이느냐에 따라 자녀의 미래가 달라진다.

"와~ 정말 잘했구나. 조금만 더 열심히 하면 100점 맞겠네."

"너 이걸 자랑이라고 하니? 학원비가 아깝다."

첫 번째 반응은 알아주는 말이고, 두 번째 반응은 몰라주는 말이다. 첫 번째 엄마는 자녀를 훌륭히 키울 자격이 있지만, 두 번째 엄마는 자녀를 문제아로 만들 소지가 있는 사람이다. 해마다 10만 명이나 되는 청소년들이 가출을 한다는데, 그들의 어머니는 첫 번째와 같을까, 두 번째와 같을까? 엄마들은 친구를 잘못 만나 이 지경이 되었다고 한탄할 테지만 그보다는 엄마를 잘못 만나 그 지경이 된 것이다.

경청과 인정의 기술 Tip 10

01. 상대방의 입장이 되어라. 그래야 이해가 된다.

02. 끝까지 들어라. 청문회 하듯 중간에 끊지 마라.

03. 귀로만 듣지 마라. 온몸으로 들어라.

04. 맞장구를 쳐라. 대화가 활기차게 된다.

05. 긍정의 시각으로 수용하라. "당신 말이 맞아요."

06. 표정 연기도 중요하다. 목석처럼 앉아있지 마라.

07. 중간중간 요점을 확인하라.

08. 시계를 보거나 다른 곳에 시선을 팔지 마라.

09. 모르거나 이해가 안 되는 것은 질문하라.

10. 절대로 따지거나 반박하지 마라.

나쁜 연애
근절하기

　요즘은 동물 전성시대다. 동물들이 주인공인 TV 채널도 하나둘이 아니다. 동물들과 대화하여 문제를 해결해 주는 '애니멀 커뮤니케이터'라는 직업도 있다. 동물과 교감하면서 문제를 풀어주는 역할이다. TV에 등장하는 동물 중에는 맹수들도 있지만 가장 많은 종류가 개와 고양이다. 어떤 동물이건 암수가 싸우는 경우는 없다. 서로가 협조하는 도반(道伴)인 것이다. 그러나 사람은 사랑한다면서 서로를 괴롭힌다. 이렇게 된 것은 잘못된 학습 탓이 크다. 싸우는 부모를 보고 자라난 자녀가 결혼하여 싸우는데, 손자대에 가도 잘못된 습성은 없어지지 않는다.

　"부부 싸움은 칼로 물 베기"라고 하지만 폭력이 수반되면 칼로

목 베기다. 작은 빗방울이 모여 실개울이 되고 강이 되며 바다가 되듯 작은 말다툼이 욕설로 변하고 욕설은 폭력으로 이어져 심지어는 청부살인까지 등장한다. 교제하면서 다툼이 많은 사람이 결혼 후에 어떻게 변할 것인지는 묻지 않아도 쉽게 답이 나온다. 부모가 부부 싸움을 하는 것을 자주 보고 자란 자녀는 자신도 모르게 폭력 프로그램이 저장되어 하찮은 일에도 흥분하고 돌이킬 수 없는 지경이 된다. 매 맞는 남편, 매 맞는 아내가 늘어난 것도 본 대로 들은 대로 행하는 자녀가 늘어났기 때문이다. 연속극의 영향으로 보는 학자들도 있다.

매년 1만 건이 넘는 데이트 범죄가 발생하는데 지난해만 해도 52명이 목숨을 잃었다. 강간, 강제 추행도 심각한 범죄다. 피해자들은 옛정을 생각하며 좋은 변화를 기대하지만 '혹시나'가 '역시나'로 끝나고 만다.

시간이 해결해 주길 바라는 것이 아니라 치유를 통해 습관을 고치지 않는 한 사고는 반복된다. 피해자도 '이번만' 하다가 평생을 후회하게 된다. 흥정은 단둘이 할 수 있지만 폭력은 제3자의 협력이나 치료 없이는 변화를 기대할 수 없다.

같은 대학 선배와 교제했던 A양은 주위의 시선 때문에 이러지도 저러지도 못하고 있다고 말한다. 교제하는 동안 찍힌 동영상과 사진을 올리겠다는 협박 때문에 A양은 항의도 못 한 채 끌려다닌다.

인터넷에 자료가 올라가면 돌이킬 수 없다는 생각에 쉽게 고소하지 못하는 것이다. 그러나 남자의 이런 행동과 협박은 심각한 범죄여서 중한 처벌을 받아야 한다.

피해자는 처벌보다 가해자를 달래서 좋게 해결하려고 혼자 고민하는 경우가 많다. 하지만 지금까지 쏟아부은 노력을 아까워할 것이 아니라 반복되는 고통을 어떻게 극복할지에 초점을 맞춰야 한다. 지금까지의 노력에도 불구하고 행복의 씨앗이 보이지 않는다면 노트 정리를 하듯 삶을 살아가는 방법도 정리해야 한다.

나쁜 연애 정리하는 Tip 10

01. 연애폭력은 가정폭력의 예고편이다. 폭력범과는 거래를 중단하라.

02. 폭력과 사랑을 혼동하지 마라. 폭력은 근절되어야 할 범죄다.

03. 문제가 생기면 가족 · 친구 · 전문가에게 도움을 구하라. 방법은 얼마든지 있다.

04. 문제를 부끄러워 마라. 오히려 혼자 참으며 당하는 것을 부끄러워하라.

05. 전문가를 만나라. 적절하고 이성적인 대처 방법을 알려줄 것이다.

06. 가해자를 혼자 만나지 마라. 믿을 수 있는 사람과 같이 만나라.

07. 가해자를 두려워 마라. 두려워하면 점점 힘들어진다.

08. 말, 행동, 피해 상황 등을 기록하고 물리적인 상처는 사진으로 남겨라.

09. 작은 폭력도 용납하지 마라. 용납하기 때문에 근절되지 않는다.

10. 폭력이나 이상한 행동을 할 때에 대처 방법을 예행연습해 두어라.

돈 안 드는
나만의 결혼식

한 연예인의 결혼식에 사용된 꽃값이 자그마치 5천만 원이란다. 고작 2시간 사용하고 버려지는 데 드는 비용이다. 꽃 장식이 행복을 보증한다면 이야기가 달라질 수도 있겠지만 결혼은 보여주기 위한 것이 아닌 행복 출발의 인사다. 신부 신랑이 영원히 빛을 발하는 꽃인데 시드는 꽃이 왜 등장하는지 이해가 안 된다.

나의 딸 이정은은 25년 전 삼성카드 신입 사원 위수복과 '한국의 집'에서 전통 혼례를 치렀다. 그러면서 내게 혼수 대신 결혼하여 잘 살 수 있도록 두고두고 볼 수 있는 책을 써 달라고 해서 『시집가는 딸에게』가 탄생했다. 내 딸은 이 책을 인생의 내비게이션 삼아 살았고, 그 밖에도 이 땅의 많은 딸들에게도 인사 받기 바빴다. 25년의 시간은 눈 깜빡하는 사이에 지나간다. 사위 위수복은 삼성카드의 상무이사가 된 지 오래이고, 손자는 캘리포니아 주립대학에 재학 중인데 어학과 문장 능력이 뛰어나 본토 아이들도 못 하는 학보사 기자를 겸하고 있다. 모두들 이 책의 힘이라고 하며 고마워한다.

몇 해 전에 출판사 현문미디어에서 이 책을 다시 만들겠다고 해서 검토해 보니 시대가 빠르게 변화했음을 느껴 새롭게 써서 만든 것이 『이상헌의 시집가는 딸에게』다. 여성들이 행복해야 축복받는 세상인데 여성들은 결혼에 대하여 힘들게 생각한다. 그러나 알고 보면 남성은 여성이 하기 나름이다. 여성 대통령도 남자 못지않게 나라를 위해 공헌하는데 작은 규모의 국가인 가정을 빛나게 하는 가정 대통령도 따지고 보면 어려운 일이 아니다.

돈이 행복의 주인이라고 생각한다면 행복의 주인인 우리는 돈의 노예로 전락하고 만다. 그러나 돈이 많다고 해서 행복한 것이 아니라 값어치 있게 쓰는 것이 중요하다. 수백억 원을 가진 거지도 있는 법이다.

요새는 돈 안 드는 결혼식도 비교적 많이 늘었다. 남산 오솔길, 여의도 둔치, 올림픽공원 등에서도 돈 안 들이고 멋지게 예식을 치를 수 있다. 또한, 각 구청이나 지역발전센터도 무료로 대여해 주는데 구태여 비싼 돈을 들여 남한테 보이기 위한 예식을 할 이유가 없다.

KTX 승무원이며 웃음 강사인 김봉선 씨는 우리가 매달 기쁨축제를 여는 종로3가 한일장에서 갈비탕 한 그릇씩 시켜 놓고 예식을 치렀는데 어떤 호텔 결혼식보다 뜨거운 열기와 감동을 전달했다. 웃음 동업자인 이요셉 씨, 최규상 씨도 자기 스케줄을 취소하고 달려와 축하해 주었다.

10년 넘게 교제하던 남녀가 있었다. 남성은 선원이었고 여성은 의상실 종업원이었다. 남성은 배를 타는 일이 위험하니 그만두라는 여성의 말을 듣고 상경했다. 그러나 취직은 되지 않았고, 서로 만나기만 하면 싸워 자살하기로 결심했다고 했다. 죽기 전에 조언을 들으려고 나를 찾아왔는데 사랑에는 변함이 없다는 게 결론이었다.

"사랑한다면 결혼해라. 신랑은 신부에게 가계부를, 신부는 신랑에게 인감도장을 선물하면 된다. 모두 부자가 될 징표다."

두 사람은 아는 커피숍에서 손님이 없는 오전에 식을 올렸다. 평상복을 입고 당당하게 입장하는 신랑 신부의 모습을 취재하기 위해 많은 언론사와 방송사에서 기자들이 몰려왔다. 사람들에게 커피값도 받아 알뜰 혼례를 치렀다. 이날 축의금으로 들어온 당시의 돈 15만 원으로 남대문 도깨비시장에 판매대 하나를 사서 외제 물건 장사를 시작했다. 매스컴을 탔다는 프리미엄으로 손님이 손님을 데려와서 장사가 잘되어 10년 만에 꽤 큰 빌딩의 주인이 되었다. 그때 자살했더라면 이런 기쁨을 누리지 못했을 것이다.

돈 안 들이고 신혼여행을 간 경우도 많다. 차에 텐트 하나와 취사도구를 싣고 인천을 출발하여 목포, 해운대, 고성까지 다녀오는 추억에 남는 신혼여행을 만들 수도 있다. 아이가 태어나서 돌잔치를 치르는 대신 그 비용을 아프리카 어린이 돕기에 쓴 부부도 있어 나에게는 모두 보석 같은 동지들이다.

돈 안 드는 나만의 결혼식 Tip 10

01. 고향 부모님 산소 찾아가 결혼하기.

02. 자신이 다녔던 학교 교실에서 담임 선생님 주례로 결혼하기.

03. 스쿠버다이버라면 수중 결혼식도 좋고.

04. 가수 조용필 씨는 절에 가서 물 떠 놓고 결혼했다.

05. 이나영과 원빈은 고향 보리밭에서 결혼했다.

06. 등산 좋아하는 사람은 산에 올라가 할 수도 있고.

07. 스포츠 선수 중에 경기장에서 한 사람도 있다.

08. 가까운 친구끼리 합동 결혼을 하면 경비 절감과 평생 우정이 보장된다.

09. 군인이나 공직자라면 이순신 장군, 권율 장군, 황희 정승 앞에서 해도 좋다.

10. 고향이 북쪽인 분은 통일전망대도 좋은 장소다.

재혼에
성공하기

"전쟁터에 나갈 때는 한 번 기도하라, 바다에 나갈 때는 두 번 기도하라, 결혼할 때는 세 번 기도하라."

러시아 속담이다. 총알이 빗발치는 전쟁터나 배를 집어삼키는 파도보다도 더 위험할 수 있는 것이 결혼이란 말이다. 성향이 전혀 다른 남자와 여자가 일가를 이루어 평생 행복을 누리는 것은 생각처럼 쉬운 일이 아니다. 지나고 보면 별것도 아닌 일을 가지고 죽여라 살려라 핏대 올리는 것을 보면 결혼이 험난하고 어려운 가시밭길임을 알게 된다.

프랑스는 이혼 왕국이지만 지금은 이혼율이 많이 줄어들었다. 살다 보면 몰랐던 약점이 나타나게 마련인데 이럴 때 미련 없이 헤어지는 일이 많기에, '결혼해서 사는 것'뿐 아니라 '살아보고 결혼하는 것' 또한 법으로 인정해준 덕이다. 서로가 서로를 알 만큼 알게 된 다음 결혼하면 별문제가 없겠지만, 살다가 어느 순간 약점이 보이면 수습하기 힘든 지경에 다다르기도 한다. 결혼 생활이란 오지 탐험보다 더 힘든 과정의 연속이다. 그래서 사전 답사를 하는 것이 바로 살아보고 결혼하기다.

우리나라도 초혼보다 재혼이 많은 시대가 도래했지만, 중요한 것은 실패하지 않는 재혼을 하는 것이다. 이미 뜨거운 맛을 본 사람도 '설마 이번에는 잘 살겠지'라고 생각하며 새 출발을 하지만 초혼보다 재혼의 실패율이 더 높다. 일곱 번 결혼에 일곱 번 이혼한 경력의 친구를 알고 있는데, 그가 이혼을 거듭한 건 운이 나빠서가 아니라 이혼할 만한 조건을 다량 보유하고 있었기 때문이다. 결혼은 혼자 하는 것이 아니라 함께하는 것이어서 두 사람의 욕구가 모두 충족되어야 한다. 그러려면 상대에 대한 배려는 물론 서로의 취향을 알고 맞춰 나가야 한다. 70~80년대만 하더라도 재혼을 흉으로 생각했지만 이제는 누구도 그렇게 생각하지 않는다. 그러나 세 번 이상 이혼한 경력을 가진 사람을 주위에서 색안경 쓰고 보리라는 것은 두말할 필요 없다.

최근에 이른바 '돌싱' 남녀가 재혼 상대를 고를 때 절대로 피하고 싶은 상대의 조건이 언론에 보도되었다. 남성들은 자기 관리를 안 하는 여성이나 종교에 빠져 가정을 돌보지 않는 여성을 꼽았다. 저녁에 남편을 운동복 차림으로 맞이하면 가정부, 멋진 드레스를 입고 맞이하면 마이 와이프다. 돌싱 여성은 노후가 불안정한 경제 무능력자와는 절대로 재혼하고 싶지 않다고 꼽았다. 또다시 고생하고 싶은 여성은 없다. 서양 속담 중에 "가난이 앞문으로 들어오면 행복은 뒷문으로 도망친다."는 말도 있고, "금강산도 식후경"이라는 우리 속담도 있다. 행복도 배가 부를 때 가능하다는 이야기다.

성공적인 재혼을 위한 Tip 10

01. 성실성을 인정받아라. 성실함을 인정받지 못하면 실성한 것만도 못하다.

02. 상대방이 하는 말은 진리의 말씀이다. 끝까지 경청하라.

03. 자신의 문제점을 제거하라. 암세포 제거보다 더 급하다.

04. 스마일맨이 되어라. 꽃 중의 꽃은 웃음꽃이다.

05. 간 맞추는 것은 천천히 하라. 상대방에게 나를 맞추는 것은 분초를 다퉈라.

06. 항상 상대방을 높여라. 그러면 나도 저절로 높아질 것이다.

07. 무슨 말이든 Yes하라. No는 결코 해서는 안 된다.

08. 하루 두세 번 사랑의 메시지를 보내라. 호응도가 예상 밖으로 높아질

것이다.

09. 자존심은 시한폭탄이다. 건드리면 너 죽고 나 죽는다.

10. 같은 취미를 살려라. 술 없이도 함께 취한다.

우아한
노후

한국인의 평균수명이 계속 늘어나다 보니 오래 사는 것보다 우아하게 늙는 것이 화두가 되고 있다. 여성들은 부잣집 마나님처럼 온화하게 늙고, 남성들은 노신사처럼 중후한 멋을 풍기는 것이다. 〈꽃보다 할배〉, 〈꽃보다 누나〉의 팬 중에 젊은이들이 더 많은 것도 머지않아 자신의 얘기를 사전에 보고 느끼려는 사람들이 많기 때문이다. 가수 서유석의 노래처럼 가는 세월 그 누구도 막을 수가 없기 때문이다.

젊었을 때는 예쁘지 않아서 제대로 된 배역을 맡지 못하고 고작 식모 역할을 단골로 맡았던 배우도 노인이 되어 중후한 배역의 주인공이 된 것을 보면 많은 세월 내공의 힘이 어느 정도였는지가 느껴진다. 그런가 하면 젊었을 때는 주인공만 맡아서 섭외하기도 힘들었던 연기자들이 지금은 눈을 씻고 찾아봐도 보이지 않는다. 어쩌다 만나보면 사람이 이렇게 변할 수 있나 하는 생각까지 든다.

요즘 젊은이들의 얼굴을 보면 쌍둥이처럼 느껴지는 사람이 많다. 같은 병원, 같은 의사의 손에서 탄생했기 때문이다. 방학이 끝나고 학교에 갔더니 모르는 학생이 반갑게 아는 척하기에 누구냐고 묻자 "나를 모르니?" 하고 되묻는 목소리를 듣고서야 누구인지 알겠더라는 이야기도 있다. 그런가 하면 옛날에는 꽤 매력적인 용모였는데 아주 어색하게 변한 사람들도 종종 눈에 띈다. 잘못(?) 손을 본 것이다. 기형적인 외모 때문에 활동에 어려움을 겪는 사람 중 가장 정도가 심한 사람을 뽑아 수술을 해주고 그 변화 과정을 보여주는 TV 프로그램을 흥미 있게 본 적이 있다. 보면서 '이것은 분명 기적이다'라는 생각이 들기도 한다. 그러나 그 얼굴이 얼마나 오래 지속될지는 어떻게 살아가느냐로 결정된다.

나이를 먹어도 언제나 밝은 얼굴에 선한 인상으로 호감을 주는 얼굴이 있는가 하면, 성깔 있고 괴팍해 보이는 얼굴도 있다. 얼굴이란 순수한 우리말로 '얼이 깃들어 있는 굴'이라는 뜻이다. 토끼굴에는 토끼가 살고 호랑이굴에는 호랑이가 살듯 얼굴에는 얼이 살고 있어 어떤 마음으로 살아왔느냐에 따라 변하는 것이다. 성직자들도 평상복을 입을 때가 있는데 아무리 사복을 입었다 해도 신부님인지 스님인지 쉽게 알 수가 있다. 매년 1천 명 이상의 도둑을 잡아 포도왕으로 표창을 받은 수사관에게 아나운서가 물었다.

"그 많은 도둑을 어떻게 잡을 수 있었습니까?"

"아주 쉽습니다. 도둑놈은 꼭 도둑놈처럼 생겼습니다."

지금의 의학으로는 노화를 막을 길이 없지만 아름답고 우아하게 늙는 방법에는 여러 가지가 있다.

우아한 노후를 만드는 Tip 10

01. 목욕을 자주 하라. 그래야 노취가 생기지 않는다.

02. 즐거운 모임에 참석하라. 집 안에 박혀 있으면 정신과 육체가 모두 병든다.

03. 금연하고 절주하라. 성직자가 장수하는 비결의 하나다.

04. 봉사 생활을 하라. 섬기는 훈련이 사람을 돋보이게 한다.

05. 적당한 운동은 필수다. 일주일에 다섯 번, 30분 정도 걷기는 생명력 을 강하게 한다.

06. 충분한 휴식과 수면을 취하라. 낮잠이 보약이다.

07. 사랑을 주고받아라. 사랑을 하면 예뻐진다.

08. 마음 편히 살아라. 긍정과 열정이 얼굴을 빛나게 한다.

09. 말을 줄여라. 나이 들어 말 많으면 다들 싫어한다.

10. 자식이 뭐라 해도 재산은 지켜라. 그래야 노후를 아름답게 지킬 수 있다.

4장

험담하면
험한 일이 일어난다

Your words
become
Your destiny

서로 흉을 보고 있다는 것을 모두 알면

이 세상엔 네 사람도 친구가 생기지는 않을 것이다.

_파스칼

험담하면
험한 일이 일어난다

험한 입에서 험담이 나오고 악한 입에서 악담이 나오므로 말이 깨끗해야 삶도 깨끗해진다. 내가 대학 다닐 때 고전문학을 가르치던 A교수는 남에 대하여 좋게 말하는 법이 없었다. 얼마 후 미국에서 건축을 전공하고 온 친구에게 공사를 맡겼는데, 부실 공사를 했다며 소송을 했다가 패소하자 화병으로 죽었다. 당시 40세도 안 된 그의 부인은 자녀들을 데리고 개가했지만 아이들이 학대당한다는 소문이 돌았다. 험담이 얼마나 위험한가를 말해 주는 사례다.

전에는 동네 어귀에 있는 실개천을 세이천(洗耳川)이라고 불렀다. 바깥 동네에서 악담, 험담을 들은 귀를 깨끗이 씻는 개울이라는 뜻이다. A교수는 어려서 아버지를 잃고 어머니가 생계를 위해 그를 데리고 개가했는데 그곳에서 학대를 받으며 자라 부정적이고 적개심 있는 사람이 된 것이다. 요즘 뉴스를 보지 않으려는 사람이 늘어나는 것도, 말을 듣는 순간 상처가 되기 때문이다. 세상 돌아가는 꼴을 보면 막말이 는다. 그러나 막말하는 사람치고 행복한 사람이 없고, 행복한 사람은 막말을 하지 않는다. 험담을 하고 싶은 욕망을 이겨 낼 때마다 스스로를 칭찬하고 부정적인 말을 꺼내기 전에 자신을 다잡아야 한다.

살다 보면 미운 짓 하는 사람이 눈에 보이지만 그래도 비난하거나 막말을 해서는 안 된다. 그 말에서 나오는 나쁜 에너지가 공유되기 때문이다. 링컨 대통령은 자기 명령에 불복하는 장관들 때문에 좌절과 분노를 느낄 때마다 그 사람들에게 온갖 욕설과 비난을 퍼붓는 편지를 써서 부치기 직전에 갈기갈기 찢어 불태움으로써 자신을 괴롭히는 부정적인 감정을 털어냈다. 자신만의 방법으로 분노와 증오를 극복한 것이다.

홍소리 씨는 남대문시장에서 장사를 하면서 뒤늦게 딸 같은 학생들과 함께 공부를 시작했다. 지금은 대학교수가 되었을 뿐만 아니라 기업체 직원들을 대상으로 하는 강의로 이름을 날리는 명강사가 되었다. '기쁨세상' 모임에서 아는 사람 이름을 쓰고 그 사람의 장점 100개를 쓰게 했는데 그때부터 운명이 180도 변한 것이다. 모든 것에는 양면이 있어 보는 시각만 바꾸면 약점도 장점이 된다.

국회에서 하는 청문회는 그 사람의 됨됨이가 국정 수행에 도움이 될 수 있는지를 알아보는 요식행위이다. 그러나 피의자 다루듯 막말로써 공개적으로 망신을 주고 그것을 보면서 모두들 잘한다며 박수를 친다. 이런 식이라면 4대 성인도 살아남기 힘들다. 털어서 먼지 안 나는 사람이 없기 때문이다. 말로 입은 상처는 평생 간다. 다른 사람에게 해줄 좋은 말이 없거든 차라리 침묵을 지키는 것이 지혜롭다. 대화가 옳지 못한 방향으로 흘러갈 때는 스포츠, 날씨, 경제 등 안전하고 흥미로운 화제로 바꾸는 것이 현명하다. 험담도 들어주는 사람이 있기 때문에 하는 것이다.

좋은 말만 하고 듣는 Tip 10

01. 막국수는 먹어도 막말은 하지 마라. 막가는 인생 된다.

02. 막말은 듣지 마라. 막말을 막는 것이 진정한 우정이다.

03. 나도 모르게 막말할 수도 있다. 그럴 때는 좋은 말을 서른세 번 반복하라.

04. 험담, 막말하는 자리를 피하라. 그러면 피해를 입지 않을 것이다.

05. 앞에서 못 하는 말은 뒤에서 해도 안 된다.

06. 남의 험담에 동조 마라. 한순간에 덤터기 쓴다.

07. 남의 말을 했다면 당사자에게 사과하라. 그래야 상쇄된다.

08. 험담 한 번 했으면 덕담을 서른세 번 하라. 그래야 상쇄된다.

09. 욕먹었다고 화내지 마라. 그가 한 욕은 그에게 돌아간다.

10. 남을 흉보면 내 흉이 급속도로 늘어난다. 오히려 칭찬하라.

칭찬의 힘

　내가 세상에서 가장 존경하는 사람은 우리 아버지다. 내가 잘못하면 야단치는 것이 아니라 "그건 너답지 않은 짓이야." 하고 일깨워 주셨기에, 나는 나다운 짓이 무엇인지 항상 생각하며 살게 되었다. 그런 교육을 받고 자랐기 때문에 모두가 욕하는 사람이라도 약점을 찾는 대신 그가 가지고 있는 장점을 찾아 깨우쳐 주게 된 것이다. 칭찬과 격려에는 기쁨과 감동을 샘솟게 하는 힘이 있다.

　일성여자중고등학교는 학교를 다니지 못한 게 한이 된 50~80대 여성들이 다니는 특수학교다. 매년 400명의 주부들이 졸업을 하는데, 모두가 수능시험을 통과하고 대학에 합격한다. 학생들은 쉬는 시간에 "태산이 높다 하되 하늘 아래 뫼이로다. 오르고 또 오르면 못 오를 리 없건만 사람이 제 아니 오르고 뫼만 높다 하더라."를 암송하고, 담임 선생님은 노트 검사를 하면서 '참 잘했어요'라는 고무도장을 찍어준다. 졸업식에서도 모두가 상장을 받는다. 성적에 따라 4~5장씩 받는 사람도 있다. 이선재 교장은 "칭찬은 기적을 만드는 힘이다."라고 말한다.

점심시간에 유명 음식점에 가 보면 남성들은 보이지 않고 여성들이 진을 치고 있다. 재미있는 이야기를 들려주는 사람도 있지만 대부분 남편 욕, 시부모 욕이다. 누가 자기 남편 흉을 보면 너도나도 남편 흉보기가 시작된다. 남들이 하니까 자기도 덩달아 하는데 이것이 바로 '덩달아 병(病)'이다. 욕먹는 남편이나 자식이 훌륭하게 변할 수는 없다. 욕하면 욕먹을 짓을 하게 되고 칭찬하면 칭찬받을 짓을 하는 것이 세상 이치다.

햇빛이 있기 때문에 그림자가 생겨나듯 장점이 있으면 약점도 있는 것이다. 나의 입에서 나간 것은 모두 내 몫이 되기 때문에 손해 보는 장사를 할 이유가 없다. 『흥하는 말씨 망하는 말투』에 쓴 '도둑에게 배워야 할 50가지'를 읽고 많은 분들이 격려의 글을 보내 왔다. 모두가 욕하는 도둑에게 배울 점이 있다는 얘기가 충격이었다면서 자기네 사보에 게재하게 승낙해 달라는 내용도 있었다. 바보 온달은 평강 공주의 칭찬의 말로 장수로 변신했고, 그 후 평강 공주의 나라를 위해 전투를 하다가 아차산에서 장렬한 최후를 맞았다.

『잠언서』에는 "도가니로 은을, 풀무로 금을, 칭찬으로 사람을 단련하느니라."라는 말이 나온다.

칭찬의 힘 Tip 10

01. 칭찬은 자신감을 만들고 비난은 좌절감과 적개심을 심어준다.

02. 전쟁은 비난으로 시작되고, 세계 평화는 칭찬으로 가능하다.

03. 스스로를 칭찬하라. 그래야 남을 칭찬할 수 있다.

04. 칭찬하면 칭찬이 돌아오고 비난하면 비난이 돌아온다.

05. 하루에 한 번쯤 남을 칭찬하라. 이것이 일일일찬(一日一讚)이다.

06. 칭찬은 정신의 활력소요, 생활의 강장제다. 칭찬은 하자마자 기쁨이 촉진된다.

07. 돈을 얻으면 쓸 때에만 즐겁다. 칭찬을 받으면 두고두고 잊지 못한다.

08. 인간은 칭찬받고 싶은 강한 욕구를 갖고 있다. 이것이 인정 욕구다.

09. 칭찬받는 것처럼 즐거운 일이 없고 박수갈채를 받는 것만큼 기쁜 일이 없다.

10. 칭찬은 따스한 햇볕을 발산한다. 우리의 주위가 밝고 행복해진다.

기쁨
나누기

　대부분 눈앞의 이익에 집착하다가 이익은커녕 더 큰 손실을 초 래하거나 패가망신하는 수가 있다. 그러나 손해를 보는 것도 할 만 하다고 생각하면 오히려 손실이 이익을 끌어오기도 한다. 가수로 활동하는 후배가 내게 새해 인사를 와서 몽블랑 만년필을 건네주 며 이걸로 좋은 글 많이 쓰라고 덕담을 했다. 그때만 해도 몽블랑 은 말로만 들었지 구하기 힘든 명품이었다. 내가 수십 년째 파커만 쓰고 있는 것을 보고 그가 해외 공연을 갔다가 힘들게 구해 온 것이 었다. 그 이야기를 들으며 가슴이 뭉클해 나도 뭔가 주어야겠다 는 생각에 그 친구가 부러워하던 영국제 자동차 오스틴의 키를 꺼 내 건네주었다.

　"새해 선물이야. 이따가 끌고 가게."

"아닙니다. 그 차는 선배님의 트레이드마크인데요."

"나는 파커 만년필 하나로 아파트도 사고 아이들 학교도 보냈어. 사실 나에게는 차보다 만년필이 소중하고 그보다는 나를 생각해 주는 자네가 더 소중해. 이제 자네의 트레이드마크를 만들어 주었으니 즐겁게 노래 부르게."

후배가 오스틴을 몰고 신나게 가는 것을 보고 나도 무한한 기쁨을 느꼈다. 만년필은 만 원짜리 잉크 한 병만 사면 수백만 원 이상의 가치를 창출하지만 자동차는 돈 들어가는 것투성이다. 기름값, 주차비, 고속도로 통행료, 세금 등등 게다가 고장이 나면 수리비도 왕창 들어간다.

사람들은 단순하게 가격으로만 계산하여 차에 높은 가치를 매기지만 나는 효용가치로 판단해 잘했다고 생각한다. 한 사람의 기쁨은 하나로 끝나지만 다수의 기쁨이 되면 10배 , 100배로 증폭되는 것이다. 그 차를 몰고 나가는 그의 뒤에 팬들의 함성이 들리는 것 같아 뿌듯했다. 그 후 나의 일은 승승장구하기 시작했고 그 친구는 오스틴을 가지고 CF도 찍으면서 활발하게 활동했다. 남을 기쁘게 하는 일이 나의 기쁨이 됨을 증명한 것이다.

기쁨을 나누는 Tip 10

01. 남을 기쁘게 하면 33배의 기쁨으로 돌아온다. 아낌없이 투자하라.

02. 손해를 가슴 아프게 생각 마라. 손해가 이익이다.

03. 남의 가슴에 실못도 박지 마라. 내 가슴에 대못 박힌다.

04. 주는 것이 얻는 길이다. 이왕이면 기쁘게 주어라.

05. 물질이 없으면 마음을 주어라. 상대가 갚지 않으면 하늘이 갚아준다.

06. 모든 일에 감사하라. 감사하면 감사할 일이 생긴다.

07. 긍정적인 말만 사용하라. 부정적인 말은 자기에게 돌아온다.

08. 악담과 악플은 불운을 불러온다. 장난으로 했어도 마찬가지다.

09. 말 한마디로 천 냥 빚을 갚는다. 한마디의 가치가 천 냥을 초과하는
것이다.

10. 기쁨을 나누면 배가 되고 고통을 나누면 절반으로 줄어든다.

좋은 아침
만들기

아침은 하루의 시작이고 새로운 출발이다. 그 사람의 아침을 보면 그 사람의 평생을 예언할 수 있다. 아침이 좋으면 하루가 좋고, 하루가 모여 1년, 10년, 평생이 만들어지기 때문이다. 아침에 일어나 "잘 잤다."라고 말하는 사람과 일어나기 싫어 몸부림치며 "아이고, 죽겠네."라고 말하는 사람의 운명은 극과 극이다. 미국 사람들의 아침 인사는 '굿모닝'인데 우리는 '안녕하십니까'이다. 사실 안녕한가 아닌가는 사생활의 문제다. 나는 "좋은 아침" 하고 인사한다. 좋은 아침은 좋은 하루를 만들기 때문이다.

출근 버스나 전철에 앉아있는 사람의 모습을 보면 그들 하루의 운세뿐만 아니라 평생을 알 수 있다. 졸면서 출근하는 사람은 좋은 아침을 만들지 못했다는 것을 만천하에 공개하는 것이다. 죽지 못해 출근하는 사람과 국가와 기업 발전을 위해 출근하는 사람의 운명이 같을 수는 없는 것이다. 활기차게 걷고 씩씩하게 말하는 습관이 형성되어야 한다.

직원들에게 사무실에 들어가자마자 힘차게 '좋은 아침'을 외치게 하니 그달의 매출이 전달 대비 300퍼센트 증가했다. 좋은 아침임을 선언하는 순간 에너지가 좋은 방향으로 변화한 것이다. 육상 선수나 수영 선수들은 심판의 출발 신호에 귀를 기울인다. 출발을 잘해야 결승점에도 빠르게 도착함을 알기 때문이다. 좋은 아침을 만드는 비결을 알면 건강과 성공이라는 두 마리 토끼를 잡을 수 있다.

아침에 눈을 뜨면 누운 채로 기지개를 쫙 펴 보라. 아기들이 하듯이 두 팔을 위로 쭉 뻗고 다리도 발끝까지 쭉 뻗는다. 입은 하품하듯 벌리고 몸을 좌우로 흔들며 "아~ 잘 잤다!"라고 말하면 뇌가 아주 좋아한다. 나만의 체조를 소개한다.

첫째, 앉은 채로 박수를 크게 30번 치고 손을 비벼서 따뜻해지면 눈을 뜬 채로 그 위에 얹어 눈에 기운을 준다.

둘째, 얼굴과 머리·목·어깨·가슴을 차례로 쓸어주는 것이 '기 세수'이다. 피부도 좋아지고 기분도 상쾌해진다.

셋째, 일어나서 고개를 좌우로 도리도리 흔들고 어깨·허리·엉덩이·무릎도 전후좌우 5분간 흔드는 것이 '뇌파 진동'이다.

넷째, 뇌파 진동을 멈추고 몸에서 느껴지는 작은 진동을 느끼면서 스스로에게 이야기한다. "오늘 건강과 행복을 창조하겠다.", "오늘 만나는 모든 사람을 사랑하겠다.", "나는 무엇이든 할 수 있다." 그렇게 세 번 외치자. 뇌파가 바뀌면 인생이 바뀐다.

좋은 아침을 만드는 Tip 10

01. 30분 빨리 출발하라. 빠른 것은 좋은 결과를 만든다.

02. 출근 시간을 미소와 함께한다.

03. 눈 마주치는 사람에게 목례한다.

04. 긍정의 힘에 관한 책을 읽는다.

05. 좋았던 추억을 재생시킨다.

06. 승차해서 하차할 때까지 '감사합니다'를 반복한다.

07. 걸음걸이를 힘차게 한다.

08. 나는 승리자라는 주문을 외워라. 한순간에 운명이 바뀐다.

09. 급하고 중요한 일은 아침에 처리하라.

10. 자신의 주인이 되어라. 어디서나 주인이다.

행운을 부르는
스마일 운동

　웃음은 타고나는 것이 아니라 연습이고 습관이다. 어린 시절에는 너나없이 미소 천사지만 자라는 동안 세상과 부딪치면서 안 되는 일이 생기다 보면 불만, 불안, 불평의 영향으로 차츰 입꼬리가 처지기 시작한다. 한번 처진 입꼬리가 다시 올라가는 일에는 기약이 없다. 그러나 방법만 알면 누구나 자연스럽게 웃는 표정을 만들 수 있다.

　가톨릭대학에 다니면서 나의 칼럼 중에 「밝은 표정이 기적을 만든다」를 감명 깊게 읽었다는 이정은 씨는 밤마다 입꼬리를 올린 상태로 잠들었다고 한다. 그때부터 학점이 모두 A+가 나와 장학금을 받게 되었다. 이정은 씨는 준비해 두었던 등록금을 형편이 어려운 친구에게 나눠주었다. 마음을 이렇게 써서 그런지 50세가 된 지금

까지 감기 한 번 안 걸렸고, 신체 나이는 35세라고 한다. 그뿐만이
아니다. 무엇이든 응모만 하면 백발백중 당첨이 되어서 사람들에
게 부러움을 산다. 제과에도 관심이 많아서 학원에 다니며 자격증
을 딴 데에 이어서 매장에서 판매 실습을 여러 달이나 했다. 고객
들이 2개를 주문하여 하나는 이정은 씨에게 선물로 주고 가는 일
이 종종 생겨 매장 직원들의 부러움을 사기도 했다. 그뿐만이 아니
다. 남편은 S그룹 임원이 되고 아들은 미국 명문대를 다니고 있다.
이처럼 웃음은 가운을 중흥시키는 데에도 큰 에너지를 발휘한다.

　뇌에는 웃는 입 모양을 식별하는 전용 시스템이 존재해, 입꼬리
를 위로 올리고 있으면 뇌가 그것을 실제로 웃는 것으로 판단하고
우리 몸에 이로운 반응을 일으킨다. 입꼬리를 당기고 내리는 근육
의 신경이 뇌를 자극해서 면역력을 높여주는 호르몬을 분비시키기
때문이다. 말기 암 시한부 3개월의 절망 속에서 웃음으로 활력을
되찾은 김상태 목사의 사례는 우리에게 많은 것을 느끼게 해준다.
웃음으로 활기를 얻는 것은 비단 우리의 육체만이 아니다. 스트레
스에 찌든 우리의 마음도 웃음으로 행복을 얻고 또 다른 도전을 준
비할 힘을 얻게 된다.

행운을 부르는 스마일 운동 Tip 10

01. 조용히 눈을 감고 입꼬리를 당겨라. 10분씩 100일이면 행운이 시작된다.

02. 즐거웠던 기억을 재생하라. 의식이 변하고 인상도 변한다.

03. 함박웃음을 짓는 사진을 만들어 벽에 장식하라.

04. 아름다운 언어를 사용하라. 말처럼 밝은 세상이 만들어진다.

05. 감사와 기쁨만을 간직하라. 하루가 다르게 행복해진다.

06. 행복해서 웃는 것이 아니다. 웃다 보면 행복해진다.

07. 재미있는 일은 크게 웃어라. 웃음의 크기가 행복의 크기다.

08. 웃는 사진을 거실에 붙여라. 금방 웃음 천국이 만들어진다.

09. 병들어도 웃어라. 빠르게 쾌유된다.

10. 웃기는 방송을 시청하라. 나도 모르게 닮게 된다.

나쁜 상사와
잘 지내기

세상에 없는 것이 3가지가 있다. 입에 맞는 떡, 입에 맞는 배우자, 그리고 입에 맞는 상사다. 이 문제는 우리가 평생 고민해야 할 과제 중에 하나다. 어차피 먹고살려면 직장에 다녀야 하고 직장 생활을 하려면 상사 밑에 있어야 한다. '왜 이런 상사를 만났을까?' 하고 속상해하지만 이것이 바로 현실이다. 나는 나를 위해 일하고 상사는 상사를 위해 일한다. 나쁜 상사라도 능력이 출중하면 우리의 성공에 도움이 될 수도 있고, 무능하다면 상사를 뛰어넘을 기회로 여기면 그만이다.

늘 남편을 의심하는 아내가 있었다. 퇴근하고 돌아온 남편이 샤워할 때마다 와이셔츠에서 팬티까지 점검하고 긴 머리카락이라도 나오면 "어떤 여자야?"라고 소리치며 난리를 피웠다. 하루는 아무리 옷을 세밀히 살펴봐도 머리카락 한 올도 나오지 않자, 샤워를 끝내고 나온 남편에게 씩씩대며 달려들었다.

"이젠 하다 하다 대머리 여자까지 사귀냐?"

의심하기 시작하면 끝이 나지 않는다. 의처증과 의부증은 고치기 힘들다고 하지 않는가? 문득 가수 김국환이 생각난다. 전에 같이 방송을 많이 했는데 그가 심오한 철학자로 느껴지는 것은 노래 '타타타' 때문인지도 모른다.

네가 나를 모르는데 난들 너를 알겠느냐.
한 치 앞도 모두 몰라 다 안다면 재미없지.
바람이 불어오면 부는 대로 비 오면 비에 젖어
사는 거지 그런 거지 그런 거지.
산다는 건 좋은 거지 수지맞는 장사잖소.
알몸으로 태어나서 옷 한 벌은 건졌잖소.
우리네 헛짚는 인생살이 한세상 걱정조차 없이 살면
무슨 재미 그런 게 덤이잖소.

나쁜 상사와 잘 지내기 위한 Tip 10

01. 그림자는 태양 때문에 생겨난다. 그림자를 보지 말고 태양을 바라보라.

02. 누구에게나 약점과 장점이 공존한다. 다만 내가 보려는 것만 보이는 법이다.

03. 미움에 집착하면 병이 된다. 사랑의 안경을 써라.

04. 입장 바꿔 생각하라. 입장이 바뀌면 의식도 변한다.

05. 미운 사람과 터놓고 대화를 해보라. 어느 순간 접점이 나타난다.

06. 감정을 버리고 이성으로 바라보라. 방법이 변하면 결과도 변한다.

07. 미운 사람을 위해 기도하라. 한순간에 변한다.

08. 그에 대하여 긍정적인 말만 하라. 놀라운 변화가 되어 돌아올 것이다.

09. 사적인 시간을 만들어 접촉하라. 이해의 폭이 넓어진다.

10. 입에 맞는 떡은 없다. 떡에 맞게 입맛을 고쳐라.

무한 능력
만들기

　나이테는 한겨울 추위와 싸워 이긴 흔적이다. 더운 지방에서 자란 나무는 나이테가 없어서 가볍고 재질이 약하다. 백합은 1년생 구근식물이어서 1년에 한 번 꽃을 피우지만 두 번 피우는 방법도 있다. 꽃이 지면 구근을 신문지에 둘둘 말아 냉장고에 보름간 넣어 둔다. 백합은 냉장고 속에서 벌써 겨울이 왔구나 하며 착각한다. 그것을 다시 꺼내 화분에 심으면 겨울은 가고 봄이 왔다는 생각으로 꽃을 피운다. 닭이 알을 낳는 것은 사람으로 치면 산고(産苦)와 같지만 하루 두 번 낳기도 한다. 닭장 전체에 암막을 설치하고 6시간마다 암막을 쳤다 거뒀다 하면서 하루 24시간을 12시간으로 줄이는 것이다. 닭은 어두우면 밤인 줄 알고 잠들고, 밝아지면 낮으로 알고 알을 낳는다.

역경은 사람이나 식물, 동물 할 것 없이 강하게 만든다. 순탄한 길만 걸었던 사람은 위기를 만났을 때에 대처하는 능력이 부족하다. 그러나 젊은 시절에 고난을 겪은 사람은 위기가 찾아왔을 때 대처 능력이 뛰어나다. 해병대는 훈련을 강하게 시킨다. 해병대 출신은 직장에서 일하는 태도도 확실히 다르다. 요즘 미국으로 이민 간 사람의 자녀가 군에 입대하기 위해 귀국하는 경우도 늘고 있다고 한다. 군 복무 의무가 없는데도 힘든 경험을 하기 위해 입대하는 것이다. "젊어서 고생은 사서도 한다."는 말의 깊은 뜻을 깨달을 수 있기 때문이다.

인간은 행복을 마주하는 것만큼 역경도 마주한다. 예전에는 홍역으로 죽는 아이들이 많았다. 그러나 앓고 일어난 아이들은 눈빛부터 다르다.

〈이제 만나러 갑니다〉는 채널A의 인기 프로그램이다. 목숨을 걸고 북한을 탈출하여 정착한 새터민들의 이야기를 듣다 보면 감동과 충격이 교차한다. 여기저기에서 불평불만이 넘쳐나는데 이들은 한결같이 지금처럼 행복한 적이 없다고 입을 모아 말한다. 위기에서 탈출하기 위해 죽을힘을 다하다 보니 세상 보는 눈이 달라진 것이다.

지금이 힘들면 자기만의 방식으로 위기를 뛰어넘어 보자. 알고 보면 장애물 경기와 같아 잠시 후면 그 너머의 달콤한 인생이 내 것이 된다.

무한 능력을 만드는 Tip 10

01. 마음을 수련하라. 마음 그릇이 커지면 위대한 힘으로 증폭된다.

02. 위기와 싸울수록 능력은 상승한다. 강자와 대결하라.

03. 불안해하지 마라. 불안은 혼란을 야기한다.

04. 긍정의 힘을 믿어라. 해답은 가까이에 있다.

05. 자신을 위한 능력 그룹을 만들어라. 막강한 파워가 발생한다.

06. 곤란한 상황에 직면했을 때는 '이까짓 것' 하고 생각하라.

07. 냉정하게 대응하라. 흔들리면 쓰러진다.

08. 위기에는 초능력이 발휘된다. 자신의 숨겨진 능력을 믿어라.

09. 정면 승부하라. 피하려 한다고 피할 수 있는 게 아니다.

10. 적극적인 언어를 사용하라. 언어의 힘이 우주를 움직인다.

꿈을
이루는 힘

한 중국인 청년이 무작정 미국으로 향했다. 미국에 도착하고 얼마 후부터 그는 거리에서 바이올린을 켜며 생활비를 벌었다. 목 좋은 은행 입구에서 흑인 바이올리니스트와 함께 음악을 연주했는데 거리공연치고는 수입이 꽤 괜찮았다. 그러나 그는 괜찮은 수익의 거리공연에 안주하지 않고 음대 진학을 목표로 세웠다. 차곡차곡 공연 수익금을 저축하던 청년은 드디어 음대에 진학했고 혼신의 힘을 다해 자신을 연마했다.

10년 후, 유명한 작곡가이자 지휘자라는 꿈을 이룬 어느 날 그는 자신이 예전에 거리공연을 하던 은행 입구를 지나게 되었다. 그곳에서 함께 바이올린을 연주하며 거리공연을 했던 흑인 친구를 다시 만났다. 흑인 친구가 반가운 얼굴로 물었다.

"어이, 친구! 요즘은 어디서 연주해?"

그가 유명한 콘서트홀의 이름을 대자 믿기지 않는다는 듯 친구가 다시 한 번 물었다.

"거기도 여기처럼 벌이가 좋아?"

"그럭저럭…."

그는 바로 '세계에서 가장 영향력 있는 10대 음악가' 중 한 명으로 영화 〈와호장룡〉의 음악으로 아카데미 음악상과 그래미상을 수상한 탄둔(Tan Dun)이었다. 또한 그는 장가계 협곡을 배경으로 공연하는 중국 3대 뮤지컬 〈천문호선〉의 음악감독이기도 했다.

젊음이 좋은 것은 도전할 수 있는 패기와 능력이 있기 때문이다. 도전해서 실패한다 해도 다시 도전할 수 있는 힘이 있다. 밑져야 본전인데 혹 실패할지 모른다는 두려움 때문에 돌부처처럼 꼼짝달싹 않는 젊은이들도 있다. 꿈을 이루는 데는 나이도 조건도 중요하지 않다. 할 수 있다고 생각하면 할 수 있는 것이 사람이다.

꿈을 이루기 위한 Tip 10

01. 자나 깨나 꿈을 꾸어라. 꿈을 꿔야 별을 딴다.

02. 첫 술에 배부르지 않다. 이룰 때까지 도전하라.

03. 티끌 모아 태산이다. 작은 힘을 우습게 보지 마라.

04. 자신의 힘을 믿어라. 하늘은 스스로 돕는 자를 돕는다.

05. 넘어지면 일어서라. 일어섰으면 달려가라.

06. 실패는 성공의 어머니다. 어머니의 힘을 믿어라.

07. 천 리 길도 한 걸음으로부터 시작된다.

08. 가다가 멈추면 아니 감만 못 하다.

09. 정성은 기적을 만든다. 하는 일에 정성을 다하라.

10. 쉬지 말고 연마하라. 나도 모르는 사이에 보석으로 변한다.

부자로 살려면
돈의 마음을 읽어라

셋방 살다 20평짜리 아파트를 소유하게 됐을 때의 기쁨은 하늘을 찌를 듯했다. 하지만 얼마 안 가 40평 아파트에 사는 친구 집을 보고 기가 죽었다. 50평 아파트에 사는 사람은 100평 아파트에 사는 친구를 보고 절망한다. 여의도의 나와 같은 아파트로 이사 온 친구는 다니던 직장을 그만두고, 소유하고 있던 집을 비싸게 팔아 개발 지역의 싼 매물을 다량 구입하는 방법으로 돈을 벌었다. 그는 여의도 아파트를 팔고 그 돈으로 목동 아파트 두 채를 샀다. 목동 아파트가 한창 개발 중일 때였다. 그렇게 1년에 두세 차례 이사를 다니더니 30년도 못 되어 10층 빌딩의 소유주가 되었다.

그 친구가 나를 생각해 커다란 아파트 한 채를 기증하겠다고 제의해 왔지만 나는 웃어넘겼다. 나는 평생 공짜와는 담을 쌓고 살아왔다. 결혼 초에 셋방에서 고생한다고 장인이 사당동 예술인 마을에 집을 지어 놓고 이사하라고 했지만 이사는커녕 집 구경도 하지 않았다. 공짜는 소중함을 망각하게 하는 요물이어서 내가 힘들게 이룬 재산만이 나의 것이라는 생각을 지금까지도 하고 있다.

10층 빌딩을 가진 그 친구는 빌딩에 입주하고 석 달 뒤에 갑자기 세상을 떠났다. 그때 나는 버는 사람 따로 있고 쓰는 사람 따로 있음을 알게 되었다. 부족함에도 감사하며 사는 사람은 늦게까지 웃으며 살지만, 그 친구와는 다른 경우라 하겠으나 돈 돈 하며 할 짓 못할 짓 다 하며 살다가 교도소에서 고생하거나 한강에 뛰어들거나 나무에 목을 매달기도 하는 사람들을 보면 돈에게도 생각이 있다는 것을 알게 되었다.

돈은 자기를 귀하게 여기는 사람의 품에 안기지 함부로 대하는 사람에게는 허락하지 않는다. 부자가 되는 사람의 공통점은 귀한 돈을 곱게 모시려고 비싼 지갑부터 준비한다는 것이다. 지갑은 돈이 사는 아파트다.

돈의 마음을 읽는 Tip 10

01. 돈을 아껴라. 돈은 자기를 아끼는 사람을 따라온다.
02. 돈에 상처가 보이면 바로 치유하라. 찢어진 곳을 때워서 사용하라.

03. 돈은 돈과 있을 때 행복감을 느낀다. 은행에 저축하라.

04. 돈에 낙서하지 마라. 자신의 얼굴에 낙서하는 사람을 도울 리가 없다.

05. 지갑은 왼쪽 안주머니에 넣고 다녀라. 돈은 심장박동 소리를 듣고 사랑을 느낀다.

06. 반지갑을 뒷주머니에 넣고 다니지 마라. 질식하기 일보 직전이다.

07. 돈을 이 주머니 저 주머니 분산하지 마라. 돈도 이산가족을 원하지 않는다.

08. 돈을 구겨서 주머니에 넣지 마라. 돈의 마음까지 구겨진다.

09. 좋은 곳에 돈을 써라. 돈도 자부심을 느낄 때 협조한다.

10. 나쁜 곳에 돈을 쓰지 마라. 돈도 보복한다.

수입의 10퍼센트로
복을 부르기

　세상에는 많은 에너지가 전파처럼 쏟아지는데 그중에는 사람들로부터 나오는 '유해 에너지'가 있는가 하면 '유익 에너지'도 있다. 유해 에너지는 나 때문에 피해 입은 사람에게서 쏟아져 들어오는 것이고, 유익 에너지는 나를 사랑하는 사람들로부터 유입되는 에너지다. 둘 다 눈에 보이지는 않지만 놀라운 파워를 갖고 영향력을 미친다. 능력의 유무만으로 성공 실패가 결정되는 것이 아니다. 나도 모르게 남의 가슴을 아프게 한 일이 있다면, 그 사람이 보내오는 유해 에너지를 차단하고 나에게 유익 에너지를 보내줄 사람을 만들어야 한다. 나도 모르는 사이에 재앙이 생기는 것은 시간문제다. 그를 위해 기도하며 용서를 비는 것만으로도 유해 파동을 상당수 차단할 수 있다. 이번에는 유익 에너지 끌어들이기다. 나를 위해 유익 에너지를 보내줄 사람을 찾아내는 것이다. 누구나 자기가 힘들 때 도움을 준 사람을 잊지 못한다. 그의 '고맙습니다'라는 한 마디 말이 엄청난 에너지로 전달된다.

직장을 잃고 재취업을 하려고 이리저리 뛰던 W씨는 1년이 넘도록 될 듯 말 듯 취직이 되지 않자 초조해하며 조언을 구하러 왔다.
"누군가를 위해 돈을 쓴 일이 있습니까?"
"빤한 수입에 그럴 여유가 없었지요."
"술 담배는 하십니까?"
"하루에 소주 1병, 담배 1갑 합니다."
"취업될 때까지 술 담배를 끊고 그 돈을 복 짓는 데 사용해 보세요."
나는 그에게 3,000원씩 넣은 봉투를 3개 만들어 리어카를 끌고 다니며 박스를 줍는 할머니 할아버지에게 점심에 김밥이라도 사서 드시라며 주도록 했다. 그분들은 온종일 일해도 4,000원을 벌기 힘들어 점심을 굶을 때가 허다하다. 그런데 놀랍게도 100일이 되던 날 유망 중소기업에서 그를 임원으로 영입했다.

목마른 사람에게 물 한잔 대접하는 것도 복을 짓는 일인데, 배고픈 사람에게 먹을 것을 준다면 이는 더 큰 복을 짓는 일이다. 그러는 동안 나도 모르게 좋은 에너지가 쌓이고 운세가 변한다. 복은 지은 만큼 나의 몫이 된다. 노점상을 하는 아주머니는 하루 매출이 5만 원도 안 되어 힘들었는데 이 방법을 쓴 다음에 거의 10배의 매상을 올린다. 올해 초 가난에 찌들었던 아주머니의 인상이 부잣집 마나님처럼 변한 것은 두말할 나위가 없다.

수입의 10퍼센트로 복을 짓는 Tip 10

01. 수입의 10퍼센트는 좋은 일에 사용하라.

02. 열정적으로 일하라. 수입이 쭉쭉 오른다.

03. 아픔을 두려워 마라. 발전을 위한 성장통이다.

04. 좋은 말만 사용하라. 말이 기도다.

05. 봉사에 앞장서라. 행복한 성공이 기다린다.

06. 덕담을 할수록 부귀영화가 늘어난다.

07. 비난과 원망은 악마의 언어다. 사용하지 마라.

08. 크게 웃어라. 돈도 웃는 자를 좋아한다.

09. 감사에 감사를 더하라. 우주의 주인이 된다.

10. 기적의 힘을 믿어라. 기적 아닌 것이 없다.

티끌 모아
태산

부자의 공통점은 검약인데, 많은 사람들이 저축과는 담을 쌓고 산다. 왜 저축하지 않느냐고 물으면 쓰기도 빠듯한데 어떻게 저축을 하느냐고 반문한다. 나의 대학 동기인 Y는 이름 있는 부잣집의 손자였다. 우리는 하숙비를 내고 나면 쓸 돈이 남아있지 않았지만 Y는 왕자처럼 하고 싶은 것 다 하면서 부러움을 샀었다. 그런데 얼마 전에 Y가 나를 찾아와 취직을 부탁했다. 유산으로 50년을 놀고 먹었는데 이제는 취직해서 가족을 부양해야겠다는 것이다. 특별한 능력이나 기술이 있다면 모르지만 70세가 넘은 무경험자를 구제할 방법은 찾기 힘들었다.

누구에게나 노후가 찾아온다. 노후에는 수입이 줄고 지출은 늘어난다. 힘들지 않게 살려면 수입을 늘리거나 지출을 줄이는 것이 상책이지만 수입은 내 뜻대로 되는 것이 아니어서 내 뜻대로 할 수 있는 것은 절약밖에 없다. 설마 언젠가는 돈이 들어오겠지 하는 허황된 꿈을 꾸는 사람은 구제될 방법이 없다. 꼭 쓰지 않으면 안 되는 일이라면 써야겠지만 그게 아니라면 저축을 해야 한다. 그 외의 재산 증식은 반드시 전문가와 상담한 다음에 해도 늦지 않다. 일확천금을 꿈꾸다 파산한 사람도, 자식 사업에 몽땅 쏟아붓고 오갈 데가 없어 노숙자가 된 부부도 있다.

중동 붐이 한창일 때 H여사는 새마을운동 수기 공모에서 대상을 받고 산업체 강사로 활동했는데 강의 주제는 근검절약이었다. 대부분의 가정에서는 남편이 중동 가서 돈을 벌어 보내면 생활비로 쓰는데 이 집에서는 십 원 한 장 안 쓰고 고향 천안에 땅을 샀다. 그리고 본인과 가족은 난지도에 살면서 남들이 버린 쓰레기를 분류하여 돈이 될 만한 것을 팔았다. 신발이나 옷은 버려진 것 중에 쓸 만한 것을 골라서 신고 입다 보니 별도로 돈이 들어가지 않았다. 자녀들도 어머니의 근검절약을 옆에서 보고 열심히 공부하여 명문 대학을 졸업했고 사회에서도 모범생으로 일하고 있다. 부모를 보면 자식의 미래까지 읽을 수 있는 것이다.

점심때면 식사하고 나서 밥값보다 비싼 커피를 마신다. 나도 커피를 좋아하는데 내가 마시는 것은 일회용 봉지 커피로 식당에서는 공짜 커피를 뽑아 마시고 휴게소에서는 300원짜리를 마신다. 우리나라가 커피 수출국 세계 1위라는 것을 대부분 모른다. 전 세계 사람들도 일회용 커피 맛에 정신을 잃는데 우리나라 젊은이들은 왜 아메리카노에만 열광하는지 이해가 안 된다.

티끌 모아 태산 만드는 Tip 10

01. 예산에 맞춰 생활하라. 그래야 낭비가 없어진다.

02. 티끌 모아 태산이다. 돈 생기면 일단 저축부터 하고 보자.

03. 수익률 높은 상품을 찾아라. 작은 차이가 큰 차이를 만든다.

04. 웬만한 데는 걸어서 다녀라. 건강과 절약, 두 마리 토끼를 잡는다.

05. 일확천금을 노리지 마라. 대박 노리다 쪽박 찬다.

06. 약 중에 부자 되는 약은 절약이다. 사람도 돈도 아끼면 내 편 된다.

07. 셈 치고 저축하라. 입은 셈 치고, 먹은 셈 치고, 마신 셈 치고.

08. 1,000원을 써도 기록하라. 돈의 흐름을 알 수 있다.

09. 재활용하라. 부자의 지름길이다.

10. 부모 자식 간에도 네 돈은 네 돈, 내 돈은 내 돈이다.

10만 원으로
한 달 살기

돈이란 쓰다 보면 언제나 부족하다. 통장을 살찌우는 방법은 소득을 늘리기보다 지출을 줄이는 것이다. 돈의 속성은 제법 묘해서, 수입이 늘어나면 그 액수의 배가 되는 지출이 대기하고 있다. 최근 100평 아파트에 살면서 최신형 캐딜락을 몰고 다니던 사람이 파산했다. 소득의 증가가 지출의 증가를 따르지 못했기 때문이다. 그런가 하면 서울시 환경미화원이 100억 원대의 부동산 재벌이 되어 TV에 출연해 화제가 되었다.

젊은 세대는 취업난 시대를 살고 있다. 취업이 안 되면 당장 생계에 비상이 걸린다. A씨는 애당초 취업을 포기하고 아르바이트로 방향을 선회했다. 언제 취업이 된다는 보장도 없는데 학자금 대출

상환도 해야 하기 때문이다. 고향에 계신 노부모님께 더는 손 벌릴 수도 없는 처지여서 친구 네 명과 방 한 칸을 세를 얻어 쪽잠을 자며 돈을 모았다. A씨는 하루 아르바이트 세 탕을 뛰어 모은 돈으로 노점을 사서 경영했고, 5년 만에 방 3개짜리 집 한 채를 샀다. 방 하나는 자기가 쓰고 나머지 2개는 세를 놓아 수익을 높였다. 동문 중에는 창업은커녕 실업자 신세가 대부분인데 자가를 소유하고 고정 수입이 들어온다는 것만 해도 대단한 일이다.

이 친구의 부자 훈련은 가난한 부모로부터 알뜰 교육을 받은 덕분이다. 어머니가 황금심 씨의 노래 '알뜰한 당신'의 광팬인 만큼 아들도 알뜰하기로는 둘째가라면 서러워할 정도였다. 대학 다니면서도 다른 친구들에 비해 거의 돈을 쓰지 않았다. 식사는 어디를 가든 무료로 제공받는다. 밥값을 몸으로 때우기 때문이다. 그는 10만 원이면 한 달을 지낼 수 있다고 말한다. 독서실 총무 일을 하며 숙식을 해결하고, 술 담배는 일절 하지 않는다. 휴대폰은 있지만 받기만 하고 걸지는 않기 때문에 기본요금만 낸다. 옷도 친구들이 입던 것을 얻어 입으니 한 달에 10만 원이면 충분하다.

"링컨은 가난해서 비가 새는 통나무집에서 살면서도 자신의 존재 가치를 잘 알고 있었기 때문에 비굴하지도 않았고 누구 탓도 않았으며, 사랑을 나눌 줄 알고 베풀 줄 아는 넉넉한 마음을 키워 갔지요. 저라고 그렇게 되지 말라는 법이 없지 않습니까?"

10만 원으로 한 달 살 수 있는 Tip 10

01. 근처 가게 일을 돕는다. 밥도 공짜, 용돈도 생긴다.

02. 음식 먹다가 남은 것은 가져온다. 그것으로 한 끼는 충분하다.

03. 마트 시식 코너를 이용한다.

04. 물품을 재활용하라.

05. 돈 있는 선배의 일을 도와라. 용돈, 식사가 푸짐하게 돌아온다.

06. 검소하라. 최고로 멋진 소가 검소다.

07. 동기생 노트를 만들어 주어라. 충분한 감사 표시가 있을 것이다.

08. 강의 끝난 후 교실을 둘러보라. 볼펜, 노트, 책이 와르르!

09. 출중한 지식과 학식을 지녀라. 그것이 돈이 된다.

10. 시간을 값지게 보내라. 시간도 돈이다.

문병은
이렇게 하라

나는 누가 병원에 입원했다고 연락이 오면 축하해 주기 위해 단숨에 달려간다. 평생을 병과 동고동락해 온지라 아프다는 사람을 보면 동기동창 만난 것처럼 반가움이 앞선다. 병원에 입원한 환자는 너나없이 심각한 표정을 짓고 있지만 이는 잘못된 관념 때문이다. 입원했다는 자체야말로 축복이다. 건강을 되찾기 위해 입원한 것인 만큼 축하받을 일이 아닐 수 없다.

그래서 나는 위로하는 대신 활짝 웃으며 "축하합니다." 하고 인사를 건넨다. 나의 설명을 듣고 나면 환자의 얼굴이 밝아진다. 생각해 보니 내 말이 옳게 느껴지기 때문이다. 두려움을 갖고 입원한 사람들은 예후가 좋지 않지만, 즐겁게 생각하는 사람은 일주일 예상으로 입원했어도 2~3일이면 회복하여 퇴원한다. 병도 두려워하는 사람에게는 혹독하게 대하고 당당한 사람에게는 쩔쩔맨다. 나는 환자를 위해 저서 한 권을 증정한다. 내 책은 100퍼센트 긍정적인 내용이다. 환자가 퇴원하면 가장 먼저 전화를 걸어 온다. 받은 책을 반복해서 읽다 보니 인생이 달라졌다는 것이다. 어두웠던 세상을 긍정적으로 보니까 축제처럼 느껴지기 시작했다는 것이다.

환자에게는 할 말, 해서는 안 될 말이 따로 있다. 병문안을 오는 사람들은 너나없이 환자에게 병명과 진행 상태를 묻곤 한다. 그건 문병객이 아니라 의사가 물어야 할 내용이다. 더구나 환자에게는 안정이 가장 중요한데 오는 문병객마다 똑같은 질문을 한다면 멀쩡한 사람도 지칠 노릇이다. 건강할 때는 온종일 이야기를 해도 별다른 문제가 없지만 환자로서는 급격히 에너지가 저하된다. 그래서 면회가 금지되는 환자도 생긴다.

내가 입원했을 때 아침부터 저녁까지 문병 오는 사람마다 같은 질문에 같은 대답을 하다 보니 오전에는 멀쩡했다가도 오후 즈음엔 급격히 체력이 떨어짐을 느꼈다. 그래서 사람들이 내게 가장 많이 하는 질문에 대한 답을 종이에 써 붙여 놓고 읽도록 했더니 의사들도 좋은 아이디어라고 박수를 쳐 주었다.

내가 입원했을 때 왔던 사람들은 친지나 친척이 입원한 병원에 가면 '입원 축하합니다'라는 말부터 한다. 환자가 웃고 나면 회복은 빠르게 진행된다.

문병 에티켓 Tip 10

01. 병실에서 5분 이상 지체하지 마라. 환자에게는 휴식과 안정이 중요하다.

02. 병에 대해 질문하지 마라. 환자가 말을 많이 하면 지쳐서 쓰러진다.

03. 다음 문병객이 올 때까지 머물지 마라. 환자도 휴식이 필요하다.

04. 큰 소리로 찬송하고 기도하지 마라. 옆 병상 환자에게 결례다.

05. 환자를 위해 무언의 기도를 하라. 그 힘이 웅변보다 강하다.

06. 내 딸은 환자의 입맛을 돋우는 죽을 가져간다. 좋은 아이디어다.

07. 환자는 신경이 예민하다. 부정적인 말을 해선 안 된다.

08. 환자를 즐겁게 하라. 회복이 빨라진다.

09. 환자를 만나기 전후에 손 소독을 철저히 하라.

10. 뭐가 좋다더라 하는 말은 하지 마라. 그런 말은 돌팔이나 하는 것이다.

전화위복
만들기

　저녁에 부산에서 강연 스케줄이 있어 기차를 타려고 택시를 잡았는데 이날따라 계속 신호에 걸려 멈춰 섰다. 아무래도 불안감이 스멀스멀 피어올라 시계에서 눈을 뗄 수가 없었는데, 아니나 다를까 결국 기차를 놓치고 말았다. 착잡한 기분으로 집에 돌아와 원고 정리를 하다가 TV를 켰는데 마침 정규 방송을 중단하고 '구포역 열차 탈선 사고로 인한 대형 참사' 소식을　전하고 있었다. 바로 내가 안타깝게 놓쳐서 가슴을 쳤던 열차였다. 만일 내가 기차를 탔더라면 다른 사람들처럼 화를 입었을 것이다. 이처럼 살다 보면 화가 변해 복이 되기도 하고 그 반대의 경우도 생기는데 세상만사에는 보이지 않는 힘의 영향이 있다는 생각이 든다. 눈앞의 문제에 희희낙락하기도 하고 가슴 아파하기도 하지만 모두 부질없는 일이다.

새옹지마 이야기가 떠오른다. 마을에서 지혜가 뛰어나기로 소문
난 새옹의 집에서 키우던 말이 도망치자 동네 사람들이 찾아와 위
로했다.

"애지중지하던 말이 도망을 쳤으니 얼마나 속상하십니까?"

"세상만사 지나 봐야 알지요. 이 일이 복이 될지 누가 압니까?"

그 후 새옹의 말이 암말을 데리고 돌아왔다. 동네에서 경사가 났
다고 찾아와 축하하자 새옹은 아무런 동요도 없이 이렇게 말했다.

"길흉화복은 돌고 도는 것인데 두고 봐야겠지요."

그 후 새옹의 아들이 암말을 타고 달리다가 말에서 떨어져 다리
가 부러지자 동네 사람들은 재수 없는 말을 없애야 한다고 펄쩍 뛰
었다. 새옹은 마을 사람들을 진정시키며 말했다.

"눈앞의 문제를 가지고 좋아해서도 나빠해서도 안 됩니다. 모든
일에는 뜻이 있는 법이라오."

그 후 전쟁이 나자 마을 젊은이들은 모두 끌려가 죽었지만 새옹
의 아들은 다리를 다친 덕분에 생명을 부지할 수 있었다. 그래서
생긴 말이 '새옹지마(塞翁之馬)'다.

전화위복을 만드는 Tip 10

01. 눈앞의 문제는 금방 지나간다. 여유 있게 관조하라.

02. 될 듯 될 듯 하면서 안 되는 것은 일단 멈춤 신호다. 멈추고 정비하라.

03. 모든 일에는 뜻이 있다. 그 뜻을 헤아려라.

04. 하는 일에 전력투구하라. 내가 달라지면 세상이 달라진다.

05. 자기 관리를 철저히 하면 어둠이 변해서 광명이 비친다.

06. 세상만사 보는 것만 보인다. 밝게 바라보라.

07. 하늘은 스스로 돕는 자를 돕는다. 힘내라, 힘.

08. 긍정의 힘을 발휘하라. 기적이 나타난다.

09. 에너지를 저축하라.

10. 최후에 웃는 자가 승리자다. 평소부터 학습하라.

아픔 다음에
기쁨이 온다

때로는 삶이 암담할 수도 있다. 이 암담함에서 벗어나지 못해 자살을 택하는 경우도 허다하다. 좋은 일이 생길 거라는 확신이 있다면 매일 36명의 아까운 생명이 세상을 하직할 리 없다.

내 사무실은 한강이 내려다보이는 위치에 있어 지인들이 오면 낙조를 보며 차를 마시기도 하고 글을 쓰다 피곤하면 흐르는 강을 바라보며 상념에 젖을 수 있다. 방송국이 가깝고 분위기 있는 곳을 찾다가 마포에 있는 사무실에서 20년을 지냈지만, 지금도 이해가 안 되는 것은 왜 마포대교를 죽음의 장소로 택하는가이다.

"선생님, 오래오래 건강하십시오."
전화 거는 사람의 목소리를 들어 보면 그 사람이 지금 어떤 마음인지 쉽게 알 수 있다.

"지금 죽으려고 하직 인사 하는 건가? 죽고 사는 거야 자네 맘이
겠지만 지금 가면 다시 만난다는 보장도 없는데 찾아와서 인사라
도 하고 가야지. 소주하고 오징어 몇 마리 사 가지고 와."

나는 평생 병과 함께 살다 보니 신체적 고통도 지금껏 함께해 왔
다. 내 사진을 보면 웃고 있는 모습을 찾아볼 수가 없다. 몸이 아픈
데 웃음이 나올 리 없는 것이다. 수십 년간 새벽이면 왼쪽 다리에
쥐가 나서 쩔쩔맸었는데 어느 날 말벌에 왼쪽 다리를 쏘였다. 그
아픔은 말로 표현할 수 없을 정도였지만 몇 달 지나고 지금껏 한
번도 쥐가 나지 않는다. 만일 벌에 쏘여 고통받지 않았다면 지금도
새벽마다 쥐가 나서 쩔쩔맸을지도 모른다.

10년 전, 길을 건너다가 달려오는 오토바이와 충돌하여 의식을
잃었는데 아무런 보상도 받지 않고 돌려보냈다. 그 사고로 요추 2
개가 손상되었고 고통은 지금까지 따라다닌다. 그 바람에 매일 몇
군데씩 하던 강연 스케줄을 포기하고 집필에 열을 올리기 시작했
는데 그때 쓴 글이 모두 베스트셀러가 되었다. 하나의 아픔 다음에
는 그에 버금가는 기쁨이 온다는 것을 다시 한 번 깨닫게 되었다.

40세에 더 이상 생존이 불가능하다는 진단을 내린 의사가 나를
데리고 가서 찍은 영정 사진이 사무실에 걸려 있는데 지금 봐도 표
정이 없다. 몸이 견디기 힘들 정도니 표정이 나올 리가 없다. 죽음

을 두려워하는 나를 보고 어머니가 말씀하셨다.

"누구나 한 번 태어나면 한 번 간다. 한 살에 죽는 사람도 있고 열 살에 죽는 사람도 있어. 거기에 비하면 지금 죽어도 장수 만세인 거다."

나는 당시 사진 속의 나보다 두 배의 수명을 웃으며 살아가고 있는데 평생 중 지금이 가장 젊고 힘이 넘친다. 아픔들이 도망쳤기 때문이다.

아픔 다음에 기쁨을 맞이하는 Tip 10

01. 모든 것에는 뜻이 있다. 감사와 기쁨으로 맞이하라.

02. 밤이 가면 아침이 온다. 고통은 즐거움의 예고편이다.

03. 죽는소리하지 마라. 저승사자가 자기 부르는 줄 알고 달려온다.

04. 기쁨의 언어만 사용하라. 우리는 기쁨 여행을 온 순례자다.

05. 인간은 만물의 영장이다. 깨달으면 기적의 주인공이 된다.

06. 고통을 즐겨라. 즐기는 순간 고통은 기쁨으로 전환된다.

07. 돈 돈 하지 마라. 한순간에 돌게 된다.

08. 아픔은 극기력 훈련이다. 나는 아픔을 이기고 거듭났다.

09. 날마다 갈고닦아라. 퇴화가 멈추고 진화한다.

10. 밥 먹듯 웃고 술 마시듯 웃어라. 웃음은 기적을 만들어 낸다.

사랑
에너지

    사람이 깨어있는 동안에는 '베타(β)파'가 나오는데 이 뇌파는 스트레스를 주어, 좋은 것을 보고 듣고 먹어도 피곤하기만 하다. 반면 자는 동안 나오는 '알파(α)파'는 기적의 호르몬인 '엔도르핀'을 분비시켜 피로를 회복시켜 주고 병균을 물리치고 암세포도 이기게 해준다. 게다가 잠을 푹 자면 저절로 병이 낫고 기분도 좋아진다. 그런데 깨어있는 동안에도 알파파가 나오는 경우가 있는데 바로 사랑할 때다.

    사랑할 때 기분이 좋아지는 것은 뇌 속에서 알파파와 함께 엔도르핀이 분비되기 때문이다. '사랑을 하면 예뻐져요'라는 노래 가사는 틀림없이 작사가의 체험에서 나온 것일 게다. 사랑하는 사람을 위해 움직이면 힘든 줄도 모른다. 눈을 뜨는 순간 모든 것을 사랑하기 시작하면 하루가 즐겁고 행복해진다.

80세인 M여사는 자식에게 짐이 되기 싫어 혼자 살고 있는데 늘 여기도 아프고 저기도 아프다며 호소하곤 했다. 어느 날 아침 큰며느리 홍소리 씨가 전화를 걸었는데, M여사의 목소리가 밝고 힘이 느껴져서 며느리가 물었다.

"어머님, 좋은 일 생기셨어요?"

"어떻게 알았니? 괜찮은 남친이 생겼다. 호호호."

그 뒤부터 M여사는 하루가 다르게 건강이 좋아졌을 뿐만 아니라 좋은 일만 생겼다. 이것이 사랑의 힘이다. 삶이 힘들다면 사랑을 해보자. 짝사랑도 상관없다. 대뇌는 짝사랑인지 아닌지 분간하지 못하고 그냥 사랑으로 받아들여 작동한다. 그러면 내가 원하는 대로 기분 좋은 변화가 생겨난다. 그것이 바로 사랑의 에너지다.

의사들은 환자의 상태를 보고 수명을 측정한다. 오늘을 못 넘긴다고 판단한 환자였는데, 외국에 가 있는 자녀가 비행기표를 구하지 못해 며칠 뒤에 도착했다. 자녀가 공항에서 바로 달려와 얼굴을 보이자 그제야 숨을 거두더라는 예가 허다하다. 사랑의 에너지가 죽음의 시간까지 유예시키는 것이다.

전직 여성지 기자인 생명 에너지 전문가 이달희 씨가 아버지의 임종을 하게 됐을 때의 일이다. 종부성사의 모든 순서가 끝날 무렵 아버지와 친분이 있는 김수환 추기경이 방문해 안아주고 귀에 대고 무슨 말씀을 들려주었다. 아버지가 다음 날 점심때쯤 벌떡 일어

나더니 "이제 다 나았다. 퇴원 준비해라"라고 말씀하셨다는 것이
다. 이달희 씨의 아버지는 그로부터 10년을 더 생존하였다.

사랑 에너지를 얻는 Tip 10

01. '감사합니다', '기뻐요' 같은 말을 반복하면 사랑 에너지가 급속 충전
   된다.

02. 미워도 사랑하라. 기적은 자신에게서 만들어진다.

03. 용서하고 용서받자. 용서는 큰 사랑의 실천이다.

04. 내가 먼저 행복하자. 세상의 행복은 나로부터 시작된다.

05. 위함에 앞장서라. 위하는 자가 위함을 받는다.

06. 안아주기에 열중하라. 사랑 에너지가 주입된다.

07. 셀 수 없는 인생의 축복에 최대한 감사하자. 용기를 내라.

08. 잘 때와 깨어날 때 '사랑합니다'를 암송하라. 하루하루 증식된다.

09. 긴 식사는 짧은 인생을 만든다. 간단히 먹어라.

10. 앉아서 죽음을 기다리지 마라. 쾌활하게 하루하루를 구슬처럼 꿰라.

멘토
이야기

IMF로 우리나라가 좌절의 늪에 빠졌을 때, 늪에 빠진 공을 쳐 올려 우리에게 희망을 안겨준 사람이 골프 여제 박세리다. 그때까지만 해도 우리나라 여자 골프는 세계 시장에서는 존재조차 희미했는데 지금 세계 여자 골프는 한국 낭자들의 독무대가 되었다. 어떻게 이런 일이 일어날 수 있었을까? 그것은 너나없이 박세리를 롤 모델로 삼았기 때문이다. 박세리의 등장이 아니었더라면 오늘의 영광은 불가능했을지도 모른다. 그러나 박세리는 운이 좋아서 골프 여제의 자리에 오른 것이 아니다. 피나는 수련을 통해 스스로를 극복했기 때문에 그런 영광이 주어진 것이다.

고 정주영 회장의 자서전 『시련은 있어도 실패는 없다』는 폭발적인 인기로 낙양(洛陽)의 지가(紙貴)를 높였다. 재미와 유익함이 함께

담긴 성공 교과서로도 손색 없는 책이어서 서점에 진열되기 바쁘게 팔려 나갔다. 이 책은 좌절하는 수많은 젊은이에게 희망을 주기에 충분했다.

한번은 대학을 졸업하고 5년간 자기소개서를 1,500통 이상 보냈지만 취업이 안 되어 좌절에 빠진 한 젊은이가 나를 찾아왔다. 얼굴에는 기미가 잔뜩 끼어있었다.

"왜 취업이 안 된다고 생각하나?"

"지방대 출신이라 그런 것 같습니다."

"안 되는 이유만 찾기 때문에 안 되는 거야. 서울대 심리학과 교수였던 정한택 박사는 다시 도전하기 위해 90세가 넘은 나이에도 방송대에 입학했지. 그분 나이에 비하면 자네는 아직 유치원생이야. 유치원생이 좌절한다면 개가 웃을 일이지."

"…"

"내가 주는 책을 완전히 소화될 때까지 반복해서 읽으며 독서 노트를 만들어 봐. 그리고 100퍼센트 긍정어를 사용하고."

나는 정주영 회장의 자서전과 『흥하는 말씨 망하는 말투』를 주며 자기 것이 될 때까지 독서 노트를 만들며 읽어 보라고 했다. 젊은이는 그날로 삭발을 하고 한 달 동안 두문불출한 채 책을 읽고 나니 세상이 달라 보였다고 했다. 100퍼센트의 부정이 100퍼센트의 긍정이 되어서 얼굴도 투명해졌고, 30년 된 중고차가 아닌 갓 출고한 신차 느낌이 들었다. 지금 그는 BMW를 타고 다니며 보험 영업을 하는데 10억 원의 연봉을 받는다. 한 권의 책이 운명을 바꿔 놓은 예는 얼마든지 있다.

멘토를 찾는 Tip 10

01. 책 속에 길이 있다. 책을 펼쳐라.

02. 희망은 희망을 낳는다. 돈은 잃어도 희망은 잃지 말라.

03. 길이 없다고 한탄하지 마라. 길이 없으면 길을 만들라.

04. 돈 돈 하지 마라. 사람 나고 돈 났지 돈 나고 사람 났나?

05. 복을 지어야 복이 들어온다. 위하는 마음을 보여주어라.

06. 신념에 노력을 더하라. 불가능도 가능해진다.

07. '감기'가 기적을 만든다. '감기'란 감사와 기쁨이다.

08. 열정과 검약에 힘써라. 큰 부자는 몰라도 작은 부자는 될 수 있다.

09. 사람의 능력은 대동소이하다. 한발만 앞서라.

10. 마무리를 잘하라. 끝이 좋으면 모두가 좋다.

믿음의
선택

앞에서 말했듯 나는 40세를 넘기지 못할 거라는 의사의 진단을 받았다. 체온이 35도인 저체온증이어서 여름에도 솜이불을 덮고 잤고, 손이 얼음장 같아서 악수도 못 했다. 부정맥이 평생 따라다녔고, 하루는 숨이 막혀 병원에 갔다가 심근경색 진단을 받았지만 수술 불가라는 절망적인 얘기를 들었다. 이 무렵 머리카락이 한 올도 남지 않고 다 빠졌는데 마치 겨울이 되면 나무가 수액을 끌어올릴 힘이 없어 낙엽이 지는 그런 기분이었다. 나를 살아있게 한 가장 큰 에너지는 신앙심 지극한 어머니의 기도였다. 기적의 유일한 에너지는 기도라는 것을 안다.

허준회 씨는 30년 넘게 서울 청파동 동장을 하며 서울시 동장협

의회장을 하는 등 신망 높은 공직자였다. 정년을 맞아 옆집에 사는 심마니가 등산하는 셈 치고 산삼이나 캐러 가자고 했다. 산에 오르기를 좋아하는 그는 새벽같이 출발하여 민통선 근처의 산으로 갔다. 아무리 헤매도 산삼이 나타나지 않았는데 마지막으로 갔던 지점에서 놀랍게도 세 뿌리를 캤다. 돈으로 따지면 1년 봉급은 될 것이라는 말에 두방망이질하는 가슴을 진정시키기 힘들었다. 그는 한 뿌리는 심마니에게 감사의 표시로 주고 나머지 두 뿌리는 아내와 나눠 먹기로 마음먹었다.

"산삼 캤어요. 한 뿌리씩 나눠 먹읍시다."

"당신이 무슨 복으로 산삼을? 도라지를 가지고."

부인은 남편의 성화에 마지못해 먹었지만 아무 반응이 없었는데 허준회 씨는 산삼에 취해 사흘간이나 일어나지 못했다. 결국 믿는 사람에게만 기적이 일어나는 것이다.

요즘 되는 일이 없다며 자포자기하는 사람이 늘어나고 있다. '나는 틀렸어', '안 돼'만 반복하는 사람은 해보나 마나 실패한다. 틀렸다고 선언하기 때문에 안 되는 것이다. '나는 할 수 있다'고 말하는 사람은 상황이 어떻든 해내고 만다. 시련도 성공의 밑거름이 되는 것이다.

나는 의사가 나를 포기한 나이의 배를 살아가는 지금이 활동력이나 건강 면에서 평생 중 최고라는 것을 확신한다. 나이는 연륜이므로 퇴화가 아니라 진화다. 나는 끊임없이 진화하고 있다.

믿는 대로 되게 만드는 Tip 10

01. 안 된다, 안 된다 하면 정말로 안 된다. 말버릇을 바꿔라.

02. 죽는소리하지 마라. 말이 기도다.

03. 긍정적인 말만 사용하라. 인생이 달라진다.

04. 구체적인 목표를 가져라. 승리의 청사진이다.

05. 꿈을 영상화하라. 현실로 나타난다.

06. 약점 뒤에 장점이 있다. 찾아내라.

07. 끊임없이 연마하라. 원석이 보석이 된다.

08. 승리자의 표정을 지녀라. 표정이 운명이다.

09. 좋은 친구를 발굴하라. 그리고 내 편을 만들어라.

10. 인생을 길게 내다보라. 눈앞의 것은 금방 지나간다.

분노
다스리기

　인천에서 전철을 탄 중년 여성이 큰소리로 누구를 비난하는데 시청역에 내릴 때까지 끝나지 않았다. 그런데 전철 문이 열리고 내리면서 휘청거리더니 그 자리에서 쓰러졌다.

　분노의 감정에는 상대방이 아니라 자기 자신을 죽이는 독소가 들어있다. 청소년의 사건 사고에는 인스턴트 음식이나 가공식품, 콜라처럼 설탕과 화학조미료가 많이 들어간 음식의 영향이 크다고 말하는 학자들이 많다. 설탕 대신 과일과 채소를 통해 당분과 비타민을 섭취하고 오메가3를 먹으면 청소년들의 공격성과 폭력성이 줄어든다는 연구 결과도 있다.

　A는 명문대를 나온 인재이지만 화가 나면 참지 못하고 상사에게도 폭언 퍼붓기를 일삼아 해고되거나 스스로 퇴직하는 일이 많

았다. 그의 능력을 높이 평가하던 기업들도 이제는 모두 등을 돌려 발붙일 곳이 없었다. 부잣집의 외동아들로 홀어머니 밑에서 자라며 잘못을 해도 야단은커녕 오냐오냐하는 바람에 아무도 그를 제어하지 못하게 된 것이다. 밖에서만 그런 것이 아니고 부부 생활 역시 다를 것이 없었다.

S씨는 올해 50세가 넘었는데 혼자 살고 있다. 만나는 여자들도 한두 달 교제하다가 견디지 못해 떠나 버렸는데도 여전히 자기 성격에 문제가 있다는 것을 모르고 있었다. 겉보기에는 멀쩡하지만 남들과 어울리지 못하는 사람들이 예상외로 많다. 파괴적인 분노가 나를 죽이는 것이다.

분노를 발생시키는 외부 자극을 파괴적인 쪽으로 대응할 것이냐, 건설적인 쪽으로 대응할 것이냐는 자신의 선택이다. 화재뿐만 아니라 분노도 초기에 진압해야 한다. 일단 30초 동안 눈을 감고 깊은 숨을 한 번 내쉬면서 화가 빠져나가는 상상을 습관화한다. 그러나 무조건 참기만 해도 병이 된다. 분노를 적절하고도 건강하게 표현하는 것이 필요하다.

"오늘 아침 당신이 내 말을 가로막아 화가 났어."

상대에 대한 애정과 관심을 먼저 표명한 뒤 분노를 표현하면 쉽게 풀린다. 화를 내려면 상대의 잘못된 행동에만 화를 내야 한다. '너 때문에 화가 났어'보다는 '당신이 늦게 와서 화가 나'가 훨씬 건강한 표현이다. 자신의 입장을 진솔하고 명확하게 밝히되, 분노를 한꺼번에 쏟아 놓으면 오히려 치명적인 결과를 초래한다. 독감 예방주사 맞듯 자기 점검이 우선되어야 한다. 화를 내지 말고 화를 푸는 사람이 지혜로운 사람이다.

분노를 다스리는 Tip 10

01. 날마다 30분 글 쓰기, 책 읽기를 생활화하자.

02. 화가 날 때 모차르트 교향곡을 들어 보자. 마음이 저절로 정화된다.

03. 하루에 10분씩 행복한 순간을 만끽하라. 분노 해소에 도움이 된다.

04. 30분 달리기 훈련을 해보자. 마음이 정화되고 건강도 좋아진다.

05. 인간은 누구나 실수할 수 있다. 입장 바꿔 생각하라.

06. 한 번의 사건은 한 번의 분노로 족하다. 일사부재리 원칙을 도입하라.

07. 신나게 큰 소리로 노래 부르기, 춤추기, 전화 수다도 화를 푸는 데 도움이 된다.

08. '~때문에'라는 부정적인 핑계보다 '~임에도 불구하고' 같은 긍정적 논리에 익숙해지자.

09. 남과 비교하지 마라. 어제와 오늘을 비교하라.

10. 분노를 오래 품지 마라. 행복의 비결은 화를 하루 이상 품지 않는 데 있다.

인생의 정년이란
무엇인가

2006년 3월, 미국 LA 대중교통국에서 특별한 퇴직 행사가 열렸다. 주인공 아서 윈스턴(Athur Winstern)은 81년간 이 회사에서 일해 온 직원으로 그날은 그의 100번째 생일이었다. 100년 전, 남부 오클라호마의 가난한 가정에서 태어난 그의 어린 시절 꿈은 버스 운전기사가 되는 것이었다.

그러나 그 시절 미국은 인종차별이 심해 흑인인 그에게는 기회가 주어지지 않았다. 그는 꿈을 포기하지 않고 살았는데 18세가 되던 해 LA 대중교통국 면접에 합격하여 입사하게 된 것이다. 비록 버스를 닦고 기름을 치는 단순한 일이었지만, 새벽 6시면 칼같이 출근했고 단 하루도 결근하지 않고 성실하게 일했다. 단 하루 병가를 낸 적이 있었는데 아내 프랜시스를 먼저 떠나보내는 날이었다. 그에게 직장은 네 아이를 키울 수 있게 해주고, 아내와 아이들이 모두 세상을 떠날 때까지 그의 삶과 함께한 평생의 동반자였다.

1996년 빌 클린턴 대통령은 그를 '세기의 일꾼'으로 표창했다. 한 사람이 같은 직장에서 몇십 년 동안 신임을 받으며 지내기가 어려운데 나이 들어서도 열성적으로 일할 수 있다는 것에 모두가 놀랐다. 또 회사에서도 그의 노고를 잊지 않고 포상했으며, 1997년 LA 대중교통국에서는 그가 담당하던 5구역을 그의 이름을 따서 '아서 윈스턴 구역'이라고 이름 붙였다.

퇴직하는 날, 그는 언론과의 인터뷰에서 이렇게 말했다.

"평범한 버스 수리공인 나에게 이런 특별한 일이 일어나다니, 모두에게 감사합니다. 앞으로 무슨 일을 하든 쉬지 않고 움직일 거예요. 내 나이에 누웠다가 못 일어나면 큰일이니 말입니다."

우리나라에서 노동자가 100세까지 직장을 다닌다는 것은 아직은 실현 불가능한 일이다. 그러나 일에 진정으로 만족하는 유일한 길은 우리들이 위대한 일이라고 믿는 일을 하는 것이고 위대한 일을 하는 길은 우리가 사랑하는 일을 하는 것이다. 사랑하는 사람을 찾듯 사랑하는 일을 찾아보자. 사람 팔자 아무도 모른다. 인생에서 정년이란, 꿈을 포기한 그 시점부터다.

예전에 인천 송도에 있는 한국유리연수원에 종종 출강을 할 때 연수부장의 나이가 90세라는 이야기를 듣고 놀랐었다. 그를 상징적인 존재로 영입했는지는 잘 모르겠다. 그러나 나는 그가 건강 나이로 본다면 직장 생활에 아무런 무리가 없다고 생각했다. 그는 매일 새벽 연수생들을 인솔하고 4킬로미터 구보를 하는데 낙오하는 사람은 그가 아닌 연수생들이었다. 실제 나이는 90세지만 건강 나이는 60세라고 누군가 내게 귀띔해 주었다.

영생을 꿈꾸며 자기에게 반발하는 사람의 목을 가차 없이 베었던 진시황은 49세에 세상을 떠났고, 백성들을 자식처럼 돌본 사랑과 헌신의 화신 황희 정승은 90세를 넘도록 살았다. 환갑을 지내기도 힘든 시절에 90세라면 지금의 180세와 맞먹는다. 성경에는 모세가 120세에 죽었다고 하고, 아브라함은 175세에 운명했다고 나온다. 관리만 잘하면 130세는 누구나 살 수 있다는 얘기다.

주위를 살펴보면 지금도 사랑이 충만하고 성품이 부드러운 사람은 대부분 장수하지만 급하거나 편협한 사람 중에 장수하는 사람은 찾아보기 힘들다. 동물들은 대부분 성품과 수명이 정비례한다. 참새나 꿩과 닭은 단명하고, 거북이나 학 그리고 고래의 수명은 10배 이상 차이가 난다.

「세계일보」에 1번으로 입사한 사람은 홍광표 본부장으로 정년 퇴직 후에 재입사를 했다. 이런 경우는 극히 드문 케이스다. 누구나 꼭 필요한 사람은 나이가 문제가 아니다. 장기간 직원들을 데리고 매주 중증장애인 시설에서 봉사를 하고, 직원들을 위해서는 맨발로 뛰는 사람이 홍광표 본부장이다. 신문사 안에는 청소원이 상주하며 수시로 청소를 하는데 그는 청소원이 일하러 들어오면 벌떡 일어나 먼저 허리 굽혀 인사를 한다. 언제나 자기를 낮추고 상대를 높이는 겸손함을 보여주는 사람으로 정평이 나 있다. 그래서 많은 사람들이 그와 함께 일하는 것을 자랑으로 여기는 것이다. 어쩌면 그가 한국 최초 100세 직장인이 될지도 모른다는 생각이 든다.

존경받는
어른 되기

나이 들면 너나없이 젊은이들에게 존경받을 것을 기대하지만,
나이의 많고 적음과 관계없이 존경심이 우러나는 사람을 존경한
다. 길거리에서 담배를 피우는 청소년이나 공공장소에서 부둥켜
안고 있는 남녀를 보면 눈살을 찌푸리면서도 대부분 외면하고 만
다. 야단치다가 무슨 화가 돌아올지 두렵기 때문이다. 수업 중에
제자를 꾸짖다가 학생이나 학부모에게 폭행을 당하는 경우도 종종
있다. 말세라고 개탄하지만 지도하는 방법에도 문제가 있다. 아이
들은 자기도 모르게 잘못을 저지를 때가 있다. 이때 심하게 야단치
는 부모도 있지만 그때뿐이고 또다시 같은 행동이 반복된다. 야단
치는 것은 처벌이지만 알아듣게 말하는 것은 사랑이다. 처벌하면
적개심을 갖지만 알아듣게 말하면 순종한다.

매년 10만 명이 넘는 청소년이 가출을 한다고 한다. 그들은 끼리끼리 몰려다니며 사고를 친다. 우는 놈도 속이 있어 운다고, 가정과 학교가 사랑이 넘치는 천국이라면 천국을 버리고 길거리를 헤맬 리 없다. 인간은 감정의 동물이다. 감정에 상처를 입으면 그 순간 인격이 변한다.

요즘 반려견 관련 방송이 인기를 끌고 있다. 그중 동물과 대화를 나누는 애니멀 커뮤니케이터라는 직업이 있다. 이들은 동물과 교감하여 그들을 사랑으로 순화시키는데, 이상행동은 자기가 입은 상처에 대한 반응으로 나타난다는 것이다. 하물며 동물도 그러한데 사람은 말할 것도 없다.

한번은 부모를 폭력과 욕설로 대하는 고등학생을 맡아서 교육시킨 일이 있었다. 나와 얘기를 나눌 때는 순한 양인데 부모에게는 욕설과 폭력으로 대했다. 중학교 때는 부모 힘에 눌려 꼼짝 못했지만 점점 자라면서 역전이 된 것이다. 그동안 소년원을 자기 집처럼 들락거린 전과도 있었는데 도저히 방법이 없다고 느낀 부모가 그 학생을 나에게 맡긴 것이다. 이런 경우 나는 먼저 부모 교육부터 시킨다. 문제 자녀는 문제 부모가 만든 작품이라는 사실을 알기 때문이다. 그리고 나서 학생과 교감하여 새로운 세상을 살아가는 눈을 뜨게 하는 것이다. 학생의 아버지는 툭하면 처자에게 폭력을 휘두르는 사람이었다. 보고 듣는 것이 모두 학습이니 아들도 그렇게 학습이 된 것이다. 욕설과 폭언이 아들의 일상 용어가 되어 있었다. 감정적인 반응에는 감정적인 반격이 돌아온다.

배우는 데에는 나이가 없다. 컴퓨터 앞에서 언제나 공부하는 깨어있는 사람이 되어라. 새 지식, 새 정보를 제때 습득하지 못하면 낙오자가 된다.

존경받는 어른이 되기 위한 Tip 10

01. 날마다 목욕하고 몸치장을 단정히 하라. 옷이 날개다.

02. 논평보다는 덕담을 하라. 짧은 유머나 경구가 사람을 즐겁게 한다.

03. 집 안에 누워있지 말고 부지런히 모임에 참가하라. 활력이 샘솟는다.

04. 입은 닫을수록 좋고, 지갑은 열수록 환영받는다. 명심하라.

05. 인생을 달관하면 인격이 돋보이고 마음의 평화와 건강을 누리게 된다.

06. 욕심을 버리면 겸손해지고 마음을 비우면 세상이 밝게 보인다.

07. 세상만사가 내 뜻대로 안 되는 경우도 많다. 되지 않는 일에 속 끓이지 마라.

08. 내가 먼저 베풀고 실천하라. 남에게 좋은 느낌을 주면 나 또한 보람을 느끼게 된다.

09. 좋아하는 취미 활동에 전념하라. 행복 삼매경에 이를 수 있다.

10. 낭만을 즐겨라. 늘 꿈꾸고 사랑하며 감흥과 희망을 가지면 늙어도 청춘이다.

행복의
선택

올림픽에 출전하는 선수들이 금메달을 꿈꾸듯 우리는 너나없이 행복을 꿈꾼다. 연습을 시합처럼 치열하게 하다 보면 그것이 몸에 배고 그대로 시합에 나가 메달을 쟁취하는 것이다. 행복도 예외가 아니므로 막연한 기대나 요행으로 행복을 얻으려고 해서는 안 된다. 하루 세끼 밥 먹듯 하루 세끼 마음먹기가 필요하다.

불행만 보고 있으면 불행이 자기를 찾는 줄 알고 달려온다. '되는 일이 없다'는 사람에게는 안 될 일투성이고, 된다 된다 하는 사람에게는 안 될 일이 발붙이지 못한다. 자신 없는 말을 하면 자신이 없어지고 의욕도 없어지지만, 당당하게 대처하면 불행은 꼬리를 내리고 도망친다.

세상에는 100퍼센트 행복한 사람도 없고 그렇다고 100퍼센트 불행한 사람도 없다. 그러나 행복의 불씨가 1퍼센트만 남아있어도 행복을 얻기란 어렵지 않다. 1퍼센트에 정성을 들이면 공룡처럼 거대한 불행도 힘을 못 쓰고 넘어진다. 오로지 1퍼센트의 행복에 전념하고 감사하며 기뻐하면 그것이 콩나물처럼 쑥쑥 자라나 완벽한 행복 세상으로 변하게 된다.

외부 여건에 상관없이 스스로 행복하겠다고 결심해야 한다. 감나무 밑에 누워 감 떨어지기를 바란다고 감이 내 입으로 들어오진 않는다. 감이 떨어져도 동작 빠른 사람 입으로 들어간다. 좋은 일이 일어나면 크건 작건 그대로 받아들이고 마음껏 기뻐하는 일이 필요하다. 주변 사람들이 불행해할 때도 마찬가지다. 누구에게나 시련은 다가오지만 시련과 고난에 대처하는 방식에 따라 인생은 자신이 원하는 만큼 좋아질 수도 있고 나빠질 수도 있는 것이다.

행복해지기 위해서는 우선 현실적인 목표를 세워야 한다. 살다 보면 불행한 일은 얼마든지 일어날 수 있다. 가까운 친구나 가족 혹은 친척이 병들거나 죽을 수도 있다. 아침에 눈을 뜨니 왠지 세상이 막막하게 느껴질 때도 있을 것이다. 중요한 것은 그 모든 일을 있는 그대로 받아들이면 느낌으로부터 자유로워진다는 것이다. 행복은 욕심만으로 얻어지는 것이 아니며, 때로는 그저 자신이 행복하다는 사실을 잊지 않는 것만으로도 행복해질 수 있다.

행복의 주인이 되는 Tip 10

01. 고난은 행복의 전 단계다. 고난에 감사하라.

02. 욕심을 절반만 줄여라. 행복이 배로 늘어난다.

03. 표정을 밝게 하라. 밝음 속에는 어둠이 깃들지 못한다.

04. 투덜대지 마라. 불행이 자기 부르는 줄 알고 달려온다.

05. 힘든 사람에게 힘이 되어라. 힘이 되지 않으면 짐이 된다.

06. 기쁨만을 보고 듣고 말하라. 기쁨 세상이 열린다.

07. 행복해지려고 발버둥치지 마라. 욕심으로는 행복을 얻지 못한다.

08. 긍정의 눈을 떠라.

09. 없어진 것을 한탄하지 마라. 남아있는 것에 감사하라.

10. 춤추고 노래하라. 내가 있는 곳이 축복의 무대다.

성공한
인생

　동문들의 모임에 가 보면 100명이면 100명 다 다르고, 1,000명이면 1,000명 모두 다르다. 이름 있는 직장에 다니거나 좋은 차를 타고 입장하는 동문, 매스컴에 오르내리는 동문을 보고 "자네 성공했네" 하며 부러워들 한다. 너나없이 성공 얘기가 나오면 귀가 번쩍 활짝 열린다. 그만큼 애타게 갈망하는 것이기 때문이다. 많은 사람 입에 오르내리는 성공한 인생에 관한 얘기를 취합하다 보니 다음과 같은 얘기가 주축을 이룬다. 일단 읽고 생각해 보자.

　10대—돈 많은 아버지를 두었다면 성공한 인생.
　20대—명문 대학에 다니는 학생이면 성공한 인생.
　30대—연봉 많은 대기업 회사원이면 성공한 인생.

40대—술자리에서 2차를 쏠 수 있으면 성공한 인생.

50대—자녀가 공부를 잘하면 성공한 인생.

60대—아직도 직장에서 돈을 벌면 성공한 인생.

70대—병 없이 몸만 건강하면 성공한 인생.

80대—아직도 부인이 밥을 차려주면 성공한 인생.

90대—전화 걸어주는 사람이 있으면 성공한 인생.

100세—자고 나서 아침에 눈을 뜨면 성공한 인생.

매달 1~2군데의 매스컴에서 취재를 위해 나를 찾아와 묻는다.

"선생님은 보기 드물게 성공한 인생이십니다. 비결을 말씀해 주십시오."

이들은 내가 얼마나 힘들게 살아왔는지를 모르고 활발히 활동하는 모습만 보고 말하는 것이다. 나는 10대에서 70대까지는 폐인이나 다를 바 없는 삶을 살았다. 내가 말하고 싶은 성공한 인생은 다음의 팁에서 말하는 것과 같다.

성공한 인생을 사는 Tip 10

01. 가슴속에 사랑을 품고 있으면 성공한 인생이다.

02. 어제보다 오늘이 나아졌으면 성공한 인생이다.

03. 나이 들어 두 발로 걸을 수 있으면 성공한 인생이다.

04. 남과 비교하지 않고 어제와 오늘의 나를 비교하면 성공한 인생이다.

05. 찬밥 더운밥 가리지 않고 살면 성공한 인생이다.

06. 대화할 수 있는 친구가 있으면 성공한 인생이다.

07. 늦은 때란 없다. 열심히 공부하면 성공한다.

08. 일찍 핀 꽃은 일찍 지고 늦게 핀 꽃은 늦게 진다. 조바심 내지 마라.

09. 남을 의식하지 마라. 자기 길로 앞으로 가라.

10. 늦었다고 할 때가 가장 빠른 때다.

5장

흥하는 말
100배의 법칙

Your words
become
Your destiny

세상에서 성공하려면, 바보같이 보이면서도

사실에 있어서는 영리하게 활동하지 않으면 안 된다.

_몽테스키외

귀인의
도움을 얻는 법

『토정비결』을 읽다 보면 '동쪽에서 귀인이 나타나니'라는 대목이 나온다. 살아가는 데 귀인의 도움은 절대적이다. 누구나 자기 혼자 만의 힘으로는 성공적인 삶을 살아갈 수 없기 때문이다. 귀인이 나 타나기를 기다리기보다는 내가 먼저 도움을 필요로 하는 사람의 손을 잡아주면 나의 도움을 받은 사람들은 내가 원치 않아도 자연 히 내 협력자가 된다.

판매왕 조 지라드는 자동차 판매 실적으로 기네스북에 8번이나 오른 사람이다. 지라드가 발견한 '250명 법칙'을 보면 장례나 혼례 에는 평균 250명의 손님이 모이는데 한 사람에게 최선을 다하면 250명의 협력자를 얻을 수 있다는 것이다.

가장 가까운 협력자가 되어야 할 사람은 남이 아닌 가족이다. 내 가족을 감동시킬 수 있는 사람이라면 누구를 만나든 가족 대하듯 하여 협력자를 만든다. 하지만 배우자나 자녀일지라도 배려 없이 행동하면 원한이 생겨 집에서도 환영받지 못하는 인사가 된다.

세계적인 평화운동가 박중현 박사는 『기쁨의 신학』을 펴낸 종교가이기도 한데 국내보다 해외에서 더 유명하다. 그는 스위스 제네바 국제회의에서 휴전선 일대를 세계 평화공원으로 만들고 이곳에 제5의 UN 본부를 만들자고 제창해 기립 박수를 받았다. 그는 부인에게 언제나 극존칭을 사용한다. 모르는 사람이 보면 부인은 왕이고 그는 시종으로 느껴질 정도다. 남편이 아내를 이렇게 높이는데 아내라고 가만있을 수 없다. 서로가 서로를 하늘처럼 모시는 것이다. 부부 문제는 부부로 끝나는 것이 아니다. 화목한 가정의 자녀들이 부모를 보고 훌륭한 인재로 성장하는 것이다. 거기에 그치지 않고 긍정과 사랑으로 세계적인 인물로 두각을 나타낼 수 있다.

요즘은 부부나 부자간에도 말과 행동을 함부로 하는 바람에 갈등이 생기는데 내가 먼저 귀인이 되면 모든 문제는 쉽게 해결된다. 집 안에서도 내가 스스로 귀인이 되면 너나없이 귀인으로 변하는 것은 시간문제다.

귀인으로부터 도움을 얻는 Tip 10

01. 상대방을 칭찬하라. 적군도 아군으로 귀순한다.

02. 약점은 눈감아라. 신나는 세상이 펼쳐진다.

03. 의심하면 너나없이 떠나간다. 믿기지 않아도 믿어라.

04. 약속은 목숨을 걸고 지켜라. 그래야 협력자가 나타난다.

05. 어떤 일이 있어도 다투지 마라. 감싸주는 사람에게 복이 있다.

06. 말꼬리를 잡고 늘어지면 모두가 외면한다. 조심하라.

07. 협력할 수 있을 때 협력하라. 귀인의 숫자가 늘어난다.

08. 말로 입은 상처는 죽을 때까지 안 풀어진다. 조심하라.

09. 밝은 얼굴을 하라. 밝은 얼굴에서 긍정 에너지가 발생한다.

10. 상대방을 바꾸려 마라. 내가 변하면 상대방은 저절로 바뀐다.

위기를 기회로
만들기

살다 보면 좋은 일만 있으라는 법은 없다. 앞으로도 뒤로도 갈 수 없는 경우가 있다. 그러나 눈에 보이는 것에만 집착하면 인생길이 가시밭길로 보여 어려움의 질곡에서 벗어나지 못한다. 어려운 일을 슬기롭게 극복한 멘토를 만나 그분의 방법을 전수받아야 한다. 직접 만나 이야기를 들을 수도 있고, 시공을 초월하여 스승의 지혜를 차용하는 법도 있다. 김덕수 교수가 펴낸 『맨주먹의 CEO 이순신에게 배워라』라는 책을 통해 배워야 할 점을 찾아보자.

① 집안이 안 좋다고 탓하지 마라. 나는 몰락한 역적 가문에 태어나 가난 때문에 외갓집에서 자랐다.

② 머리가 나쁘다고 말하지 마라. 나는 첫 시험에 낙방하고 서른

두 살에야 합격했다.

③ 좋은 자리가 아니라고 불평하지 마라. 나는 14년을 변방 오지의 말단 수비 장교로 돌았다.

④ 윗사람 때문에 죽겠다고 말하지 마라. 나는 불의한 상관들과의 불화로 몇 차례나 파면과 불이익을 당했다.

⑤ 몸이 약하다고 고민하지 마라. 나는 평생 동안 고질적인 위장병과 감염병으로 고통받았다.

⑥ 기회가 없다고 불평하지 마라. 나는 적군의 침입으로 나라가 위태로워진 후 마흔일곱 살에 제독이 되었다.

⑦ 조직의 지원이 없다고 실망하지 마라. 나는 스스로 논밭을 갈아서 만든 군자금으로 스물세 차례를 싸워 스물세 차례 이겼다.

⑧ 상사가 몰라준다고 불만을 갖지 마라. 나는 수시로 임금의 오해와 의심을 받아 모든 공을 뺏긴 채 옥살이를 했다.

⑨ 자본이 없다고 절망하지 마라. 나는 빈손으로 돌아온 전쟁터에서 12척의 낡은 배로 133척의 적을 막았다.

⑩ 옳지 못한 가족 사랑을 말하지 마라. 나는 스무 살 아들을 적의 칼에 잃고 다른 아들과 전쟁터로 나섰다.

⑪ 죽음이 두렵다 말하지 마라. 나는 적들이 물러가는 마지막 전투에서 스스로 죽음을 택했다.

위기를 기회로 만드는 Tip 10

01. 위기란 위험 속의 기회다. 기회를 놓치지 마라.

02. 밤이 가면 아침이 온다. 어둠을 두려워 마라.

03. 지혜를 모으면 지옥도 천국이 된다. 천국 여권을 만들어라.

04. 아이디어 그룹을 만들어라. 지혜가 샘솟는다.

05. 긍정의 힘을 믿어라. 기적은 긍정에서 만들어진다.

06. 맥가이버를 벤치마킹하라. 어디에나 방법은 있다.

07. 자신을 과소평가하지 마라. 천상천하 유아독존이다.

08. 끊임없이 진화하라. 진화하지 않으면 퇴화된다.

09. 꿈을 잃지 마라. 꿈은 미래의 청사진이다.

10. 과거에 집착하지 마라. 어제는 어제, 내일은 내일이다.

시간 10배로
활용하기

　나는 한 살 때 양잿물을 먹은 이후 기력이 부족하여 누운 상태로 위인전을 읽으며 마음의 힘을 길렀다. 노는 데도 힘이 있어야 하는데 기력이 부족해서 바캉스도 나에게는 그림의 떡이었다. 고통을 줄이기 위해 눈만 뜨면 읽기, 쓰기를 반복했고 강연과 방송이 생활의 전부가 되었다. 그나마 일에 몰두해 있을 때는 통증을 거의 못 느끼기 때문이다.

　방송 원고나 신문 원고의 마감 시간을 지키지 못하면 낭패가 아닐 수 없는데 나는 하루도 쉬지 않아 1,000회 원고를 쓰는 기록을 두 번이나 세웠다. 모두 내가 만난 도전자들에 관한 이야기였는데 이들의 사연을 쓰다 보면 에너지가 증폭된다. 수십 년을 이렇게 살다 보니 자연치유력이 생겨 병세가 주춤해졌고, 내게 40세를 넘기기 힘들다고 진단 내렸던 의사가 먼저 저세상으로 갔다.

나는 40세의 2배를 살아가며 하루도 쉬지 않고 집필과 강연을 하고 있다. 차 안에서 원고를 구성하고 고속도로 휴게소에 있는 컴퓨터를 이용해 신문사에 전송했으며, 항공기를 타면 그 안에서 1~2편을 썼다. 1분 1초를 아끼기 위해서 한꺼번에 몇 가지 일을 했다. 방송, 신문, 잡지 연재 등 매월 100여 건 이상의 원고를 쓰다 보니 남보다 몇 배 빠르게 일하는 게 훈련이 되어 습득한 것이 동시 처리 기술이다. 한 번에 한 가지 일만 하는 것이 아니라 세탁기처럼 동시에 몇 가지 일을 하는 것이다.

강연장으로 이동하는 동안에는 미리 녹음해 둔 중요한 소재를 이용해 원고를 만들고, 건강 증진을 위해 악력기를 사용한다. 손발만 건강하면 전체가 건강하기 때문이다. 피곤하면 눈을 붙이기도 하고, 운전자가 졸거나 하면 운전대를 잡기도 한다. 이렇게 해서 체력과 능력을 향상시켜, 첫째 강연, 둘째 방송 출연, 셋째 방송 원고, 넷째 신문 원고, 다섯째 잡지 원고를 완성하는데, 이 중에서 같은 것들을 분류하여 단행본이 탄생하는 것이다. 남들은 일석이조라고 하는 것을 나는 일석육조로 활용한다. 이렇게 해서 출발은 남보다 훨씬 늦었지만 결과적으로는 추월하게 된 것이다.

시간을 10배로 활용하는 Tip 10

01. 시간은 있는 것이 아니라 창조하는 것이다.

02. 자투리 시간을 이용하라. 그 시간도 모으면 엄청난 시간이 된다.

03. 같은 것끼리 모아서 동시에 처리하라. 세탁기의 원리와 같다.

04. 이동 시간을 활용하라. 이 시간에도 일할 수 있다.

05. 일을 즐겨라. 능률이 몇 배 올라간다.

06. 메모하여 활용하라. 흙 속에서 진주가 나타난다.

07. 생산적이지 않은 일은 취소하라. 적은 시간도 낭비하지 마라.

08. 불필요한 방송 프로그램과는 결별하라. 죽은 시간도 살려 낸다.

09. 술자리는 1차로 간단히 끝내라. 2차, 3차는 막차의 지름길이다.

10. 오늘이 인생의 마지막 날이라고 생각하라.

음식 제대로
먹는 법

너나없이 하루 세끼씩 평생 먹으면 1년에 1,095끼요, 100세면 자그마치 10만 9,500끼가 된다. 그런데도 막연히 때가 되면 먹기를 반복하는데 과연 제대로 먹고 있는가를 생각해 볼 필요가 있다.

〈잘 먹고 잘 사는 법, 식사하셨어요?〉란 방송 프로그램 제목처럼 잘 먹어야 잘 살고 못 먹으면 숟가락 놓게 마련이기에 '입맛이 살맛'이란 말도 있다. 입맛이 떨어지면 백약이 무효여서 히포크라테스는 음식으로 못 고치는 병은 약으로도 못 고친다고 했고, 동양에서는 의식동원(醫食同源)이라고 했다. 다시 말해 약이 따로 있는 것이 아니라 음식이 약이다.

사람은 먹지 않으면 목숨을 이어 갈 수 없고 움직일 수도 없다. 음식을 잘못 먹으면 온갖 병에 걸려 일찍 죽을 수 있고, 음식을 잘 먹으면 건강하게 오래 살 수 있다. 채널A에는 이름 있는 음식점을 불시에 찾아가 재료에서부터 조리 과정을 살펴보는 〈먹거리 X파일〉이란 프로가 있는데 사람들의 관심이 높다. 또 음식 만들기를 보여주는 TV 프로그램도 늘어나 호기심을 불러일으키고 있지만 정작 어떻게 먹어야 한다고 알려주는 경우는 찾아보기 힘들다.

조선의 27명 임금의 평균수명은 37세였다. 궁중에는 임금 한 사람의 몸을 돌보기 위한 의사가 150명이나 있었지만, 밥상을 차려주는 지밀상궁 200여 명이 매일 최고의 보약과 가장 맛있는 미식과 향기로운 술, 고량진미를 대접함으로써 영양 과잉과 식단 불균형으로 인한 독이 쌓여서 단명한 것이다.

오전 7시에 우유를 주재료로 만든 타락죽을 주축으로 한 초조반상, 오전 10시에 12첩 반상으로 된 아침 수라, 오후 1시에는 국수를 축으로 한 점심, 오후 5시 또다시 12첩 반상으로 이루어진 저녁 수라, 밤에는 야참에다 주안상과 다과상도 수시로 들락거렸다. 그래서 왕들이 단명할 수밖에 없었던 것이다.

대전교정청장을 지낸 오희창 시인의 어머니는 백수를 하셨는데 매끼 따뜻한 밥을 지어드리고 마음을 즐겁게 해드리기 위해 시를 지어 낭송해 드렸다. 몸도 위하고 마음도 위하다 보니 그 정성이 백수를 누리게 만든 것이다.

음식을 제대로 먹는 Tip 10

01. 음식에 감사 기도를 하고 먹어라. 음식의 성분이 달라진다.

02. 꼭꼭 씹어 먹어라. 강철도 소화된다.

03. 화가 난 채로 먹으면 위장이 반란을 일으킨다. 그럴 때는 굶어라.

04. 소식하라. 튼튼한 위장이 100세를 보장한다.

05. 아침은 꼭 먹고 저녁은 일찍 먹어라.

06. 편식, 과식은 면역 기능 감퇴의 주범이다. 주의하라.

07. 좋은 사람과 함께 먹어라. 먹는 것이 보약이 된다.

08. 배부른 흥정은 상관없다. 배부른 상태로 잠들지 마라.

09. 식후에 배를 마사지하라. 소화 흡수가 잘된다.

10. 식사(食事)는 최고의 행사다. 즐겁고 편안한 마음으로 먹어라.

기적의
걷기 건강법

나 자신의 두 다리가 돈 한 푼 안 들이고 건강을 지켜주는 의사다. 걷기 운동은 한국인의 5대 질병인 고혈압, 심장병, 당뇨병, 뇌졸중, 암의 예방과 치료에까지 영향을 미친다. 한 걸음을 떼는 순간 우리 몸속의 200여 개의 뼈와 600개 이상의 근육이 일제히 움직이고 모든 장기들이 활발하게 활동한다.

S그룹 A회장은 올해로 90세가 넘었는데 엘리베이터를 타지 않고 자신의 집무실인 18층을 오르내린다. 그의 신체 나이는 65세로 업무 처리 능력도 젊은이들을 앞지른다. 반면 중·고등학생 중 10퍼센트가 고도비만이다. 고등학교 1학년생인 B군 역시 고도비만으로 10미터를 걷지 못해 휠체어를 이용한다. 나이는 어려도 이미

노화가 진행된 지 오래다. 미국 시사주간지 「타임」 지는 '뛰지 말고 걸어라'라는 제목 아래 걷기 운동이야말로 하늘이 내린 축복이라는 기사를 실었다. 차 없이 걸어 다니던 시절에는 성인병 같은 것이 거의 없었는데, 자동차가 생기고 운동 부족이 겹치는 바람에 이름 모를 병들이 늘어났다.

파워 워킹은 발 전체가 지면에 닿아 하체 근육이 강화되며, 상체를 이용하여 일반 워킹보다 2배의 운동 효과를 볼 수 있다. 큰 보폭으로 '천천히' 걸으면 허벅지와 종아리 근육이 강화되고, 큰 보폭으로 '빨리' 걸으면 심폐 기능이 강화된다. 걷기와 수분 섭취는 불가분의 관계로 운동 중에 15분 간격으로 물 1컵(200밀리리터)을 섭취해야 한다.

걷지 않으면 모든 것을 잃을 수 있다. 다리가 무너지면 건강이 무너진다. 무릎은 100개의 관절 중에서 가장 체중의 영향을 많이 받는다. 부담을 줄이고 잘 걷기 위해서는 많이 걷고, 자주 걷고, 즐겁게 걷는 방법밖에 없다. 언제 어디서나 시간이 날 때면 무조건 걷고 또 걷자.

걷기 건강법 Tip 10

01. 팔을 힘차게 흔들면서 보폭을 넓혀 빠르게 걷는 것이 파워 워킹이다.

02. 파워 워킹으로 균형 잡힌 체형을 유지할 수 있다. 빨리 걸으면 칼로리 소비가 높아지고 심폐 지구력과 근력이 향상된다.

03. 처음에는 탄수화물, 다음에는 지방이 소비된다. 체지방 연소에는 달리기보다 걷기가 효과적이다.

04. 뒤로 걷기는 평소에 잘 사용하지 않는 뒤쪽의 근육을 사용한다. 관절염 예방에 좋으나 넘어지지 않도록 주의해야 한다.

05. 일주일에 5번, 30분만 걸어도 놀라운 효과가 나타난다.

06. 부득이 러닝머신을 이용할 경우에는 발판을 10도 경사지게 하고 걸으면 효과적이다.

07. 성인병 환자의 경우 아침 운동은 금물이다. 당뇨 환자는 밤에 운동해야 혈당 조절이 가능하다.

08. 『동의보감』에서도 보약보다 식보(食補)요, 식보보다 행보(行補)라 했다.

09. 처음 30분 정도는 천천히 걷지만 열흘이 지나면 한 시간에 4킬로미터를 걸을 수 있다.

10. 건강하게 오래 살려면 우유를 마시는 사람보다 우유를 배달하는 사람이 되어야 한다.

지지를
얻는 법

세종 때 맹사성이 19세에 장원급제하여 온양군수로 부임했다. 어느 날 근처 절에 지혜가 출중한 스님이 계시다는 말을 듣고 맹사성은 한 수 배울 요량으로 찾아가 인사를 했다.

"저는 이번에 이곳에 부임한 군수입니다. 어떻게 하면 훌륭한 군수가 되겠습니까?"

"그야 쉽지요. 착한 일을 많이 하고 나쁜 일 않으면 되지요."

"그런 것은 세 살 먹은 어린애들도 다 아는 것 아니오?"

"알아도 행하지 않으면 모르는 것만도 못 하지요."

스님은 접대하려고 차를 따르고 있었다.

"잔이 넘칩니다."

"찻잔에 차가 넘치는 것은 알면서 지식이 넘쳐 손해 보는 것은 왜 모르십니까?"

맹사성이 부끄러워 황급히 나가다가 문설주에 이마를 부딪쳐 뒤로 벌렁 자빠지자 스님이 입을 열었다.

"머리를 숙이면 부딪히지 않는 법입니다."

이날 스님의 교훈을 거울삼아 맹사성은 승승장구하여 훗날 우의정과 좌의정을 지냈다.

주위를 살펴보면 평상시에 겸손하던 사람이 유명세를 타거나 권력을 잡으면 갑자기 목에 힘이 들어가 자만, 교만, 거만과 동업자가 되는 것을 볼 수 있다. 연예인, 정치인 등 이름으로 먹고사는 사람은 올라갈수록 겸손하지 않으면 한순간에 추풍낙엽 신세가 된다. 인기나 명성은 주위에서 만들어 주는 건데 시건방을 떨다가는 순식간에 종말을 맞을 수 있다. 대표적인 사람이 유승준이다. 인기의 절정에 있을 때 군에 입대한다고 큰소리를 치다가 미국으로 도피한 것이 화근이 되어 한국인들에게 버림을 받은 것이다.

지지를 얻는 법 Tip 10

01. 바른길로 가라. 그러면 위험이 사라진다.

02. 뒷말을 하지 마라. 되로 주고 말로 받는다.

03. 약속은 신의 명령이다. 끝까지 지켜라.

04. 올라갈수록 겸손하라. 낮추면 올라간다.

05. 상대방 말에 맞장구를 쳐라. 공감의 세계가 펼쳐진다.

06. 100퍼센트 긍정 언어를 사용하라. 부정어는 1퍼센트도 용납이 안
    된다.

07. 부드럽게 말하라. 따뜻함이 뼈 속으로 전달된다.

08. 예화를 많이 사용하라. 대화에 탄력이 붙는다.

09. 남의 말을 좋게 하라. 없던 복도 굴러온다.

10. 헤어질 때 여운을 남겨라. 보고 있어도 보고 싶은 얼굴이 된다.

좋은 인연
만드는 법

　세상만사 우연히 되는 일은 없다. 콩 심은 데 콩 나고 팥 심은 데
팥 나는 것이 우주의 원칙이다. 세상의 이치가 다 이와 같아서 천
만사가 인과의 법을 떠난 것이 아무것도 없다. 좋은 씨앗이 좋은
열매를 맺고, 부실한 씨앗은 부실한 열매를 맺거나 아예 맺지 못하
는 경우도 생겨난다. 조영남 씨가 '돌고 도는 물레방아 인생'을 불
러 반향을 일으킨 것처럼, 물레방아도 내려오는 물이 많으면 힘차
게 돌아가고 적으면 돌다 서다를 반복한다.
　세상일이란 게 모두 내가 지어 내가 받는 것이고 보면 누구를 탓
하거나 원망할 수도 없다. 남을 해치면 반드시 내가 그 해를 받게
된다. 한때 날아가는 새도 떨어뜨릴 정도로 기세등등하던 한 정치
인이 이런 말을 했다.

"죽지 못해 살고 있습니다. 가정은 뿔뿔이 흩어지고 하루 세끼 해결하기 힘든 처지가 되었네요. 도대체 왜 이런 일이 생겼을까요?"

"뿌린 대로 거두고 있는 겁니다. 어떤 씨앗을 뿌렸나를 먼저 생각해 보세요. 원인 없는 결과는 없습니다."

그 후 다시 오겠다고 하고 떠났는데 1년이 지나도 소식이 없다. 풍편에 들리는 바에 의하면 머리 깎고 산에 들어갔다고 한다.

길흉화복이 저절로 만들어지는 것이 아니다. 이익이 생겼다고 좋아할 것도 없고 손해를 보았다고 가슴 아파할 것도 없다. 남을 위해 사는 사람은 바보처럼 보이지만, 내가 조금 밑지더라도 조건 없이 봉사하고 헌신하면 결국 그 복은 나에게 돌아온다.

폭풍우가 심하게 몰아치던 날, 한 노부부가 지방의 작은 호텔에 들어와 방을 찾았다. 호텔은 이미 만원이었고, 다른 호텔도 축제 때문에 온 손님들 때문에 빈 객실이 없었다. 방을 구하지 못해 난감해하는 노부부를 본 호텔 종업원 조지 볼트가 말했다.

"날씨가 사나운데 괜찮으시면 누추하지만 제 방에서 주무세요."

노부부는 종업원의 배려로 그의 방에서 하룻밤을 보내고 나오면서 말했다.

"나는 여태까지 여러 호텔에서 잤지만 어제처럼 꿀잠을 잔 것은 처음이오. 당신을 위해 미국에서 제일 좋은 호텔을 지어 주겠소."

종업원은 농담으로 받아들이며 미소로 답했다. 몇 년 후 뉴욕으로 오라는 초청장을 받고 가보니 노부부가 그를 웅장한 새 건물 앞으로 데려가는 게 아닌가. 이 건물이 유명한 월도프 아스토리아 호텔이다. 지방의 작은 호텔 종업원 조지 볼트가 하루아침에 세계적인 호텔의 총지배인이 된 것이다.

좋은 인연을 만드는 Tip 10

01. 하루 한 건씩 좋은 일을 행하라. 좋은 열매가 맺힌다.

02. 아픔에도 감사하라. 악연도 선연으로 변한다.

03. 밝은 웃음을 지어라. 표정이 변하면 운명도 변한다.

04. 남을 위하라. 그것이 나를 위함이다.

05. 손해에 연연하지 마라. 손해가 이익이 된다.

06. 항상 진실하라. 진실에는 거짓이 붙지 못한다.

07. 하늘은 스스로 돕는 자를 돕는다. 최선을 다하라.

08. 누구나 기쁨으로 대하라. 기쁨은 기적의 샘물이다.

09. 이해를 초월하여 만나라. 그 속에 진실이 있다.

10. 긍정, 열정, 헌신으로 살아가라. 기적이 나타난다.

좋은 운을
만드는 법

　사람의 타고난 운을 팔자라고 하는데, 태어난 연월일시를 간지
(干支)로 나타내면 여덟 글자가 된다. 이를 가지고 그 사람의 운명
을 점친다. 명리학의 고전인 『명리정종(命理正宗)』에 큰 부자가 되는
팔자는 따로 있어 베푸는 기질(식신)이 재물을 낳는다고 했다. 이런
운을 타고난 사람은 남에게 뭔가 주는 것을 좋아하는데 무심코 베
풀었던 것이 언젠가는 큰 재물이 되어서 돌아온다는 것이다. 부자
로 살고 아니고는 이웃과 세상을 위해 얼마나 베풀었느냐에 따라
결정되는 인과의 법칙에 속한다. 전생에 많이 베풀었으면 이 세상
에서 부자로 살고, 인색했으면 가난하게 사는 것이 당연한 이치다.

　불행히도 전생에 베푼 바가 없으면 재물이 없는 팔자가 되어, 돈

을 벌고자 지나치게 애를 쓰다 몸이 상하거나 법의 심판을 받게 된다. 부자가 된 사람 중에서 자기는 힘들어도 남을 위해 베푼 사람으로 삼성의 이병철 회장과 현대의 정주영 회장을 들 수가 있다. 이분들은 자기 자신에게 인색하고 남에게는 후했다.

세계의 이름난 예언가들도 엄청난 돈을 모았지만 자기 자신은 검소했음을 알 수 있다. 세계적인 부자인 빌 게이츠도 수입의 대부분을 남을 위해 사용하며, 길이 아니면 가지 않는 것으로 소문나 있다.

소설 『토정비결』, 『징비록』 등 썼다 하면 스테디셀러를 만드는 이재운 작가는 지금 돈으로 치면 100억 원이 넘는 비용으로 운명의 이치를 알아내는 바이오 코드를 개발해 그에 걸맞은 전략으로 수많은 정치인을 당선시켰으며, 경영자들이 그를 만나기 위해 줄을 서는 기인이다. 소설 『토정비결』의 주인공 이지함 선생을 위해 크게 제사를 지낸 뒤에 출판사에서 전화가 왔다. 그동안 하루 평균 500부씩 주문이 들어왔는데 그 후부터 5,000부씩 주문이 들어와 주위를 놀라게 했다.

"운명에 저항하면 끌려가고, 순응하면 업혀 간다."는 세네카의 말이 떠오른다.

좋은 운을 만드는 Tip 10

01. 은혜로 준 것은 은혜로 받고, 악의로 빼앗은 것은 악의로 빼앗긴다.

02. 작은 부자는 노력으로 되고 큰 부자는 하늘이 내린다.

03. 인과는 상대가 직접 하지 않아도 자연히 돌아오는 죄와 복이다.

04. 베푸는 것은 눈앞의 손실이다. 그러나 그 손실은 엄청난 이익을 가지고 돌아온다.

05. 하늘은 짓지 않은 복은 내리지 않고, 사람은 짓지 않은 죄를 받지 않는다.

06. 인과응보의 원리를 알면 팔자를 탓하지 않고 심신과 물질로 공덕을 쌓는다.

07. 밝은 표정이 밝은 운을 열어준다. 성취한 것만 상상하라.

08. 소원은 큰 데 두고 공(功)은 작은 데서부터 쌓아라.

09. 대우에 마음 쓰지 않고 공덕 짓기에 힘쓰면 큰 공과 큰 대우가 돌아온다.

10. 분수를 무르고 살면 가분수가 된다.

이런 친구가
좋은 친구다

　고산 윤선도의 '오우가(五友歌)'는 "내 벗이 몇인가 하니 수석과 송죽이라"로 시작되어 달[月]로 끝이 난다. 그는 변함이 없는 물, 돌, 소나무, 대나무와 어둠 속에서 세상을 비추는 달을 포함한 다섯을 친구라고 했다. 어쩌면 그분도 친구에게서 상처를 받지 않았을까 하는 생각이 든다. 만나서 술이나 마시고 남의 험담에 열을 올리는 사람은 진정한 친구가 될 수 없다. 좋은 친구는 필요와 상관없이 끈끈한 정으로 연결되어 있어, 마음속 깊은 얘기도 나누며 위로하고 협력하며 정을 나눈다. 좋은 친구는 많을수록 좋고 나쁜 친구는 한 사람도 많다. 아픔을 반으로 만들고 기쁨을 두 배로 만드는 사람이 진정한 친구다.

우리나라 사람들 중에는 우울증 환자가 많다. 우울증은 터놓고 말하거나 웃고 즐길 수 있는 친구가 몇 명만 있어도 생기지 않는다. 울고 싶을 때 목 놓아 울어도 해소할 수 있는데, 우리 사회는 우는 사람을 약자로 취급한다. 직장에서 상사에게 야단맞은 신입사원이 화장실로 달려가 물을 틀어 놓고 혼자 울고 나온다. 울음에 대한 부정적인 이미지 때문에 공개된 장소에서 마음껏 울지도 못하는 것이다. 아이들이 울면 어른들은 "뚝!" 하며 겁을 준다. 그러나 어른 아이 할 것 없이 울고 싶을 때는 우는 것이 정신 건강에 도움이 된다.

웃음 치료만 있는 것이 아니라 울음 치료도 있다. 누구나 견디기 힘들 때 서로 부둥켜안고 함께 울어주는 친구가 있다면 인생을 잘 살아온 것이다. 참나사랑연구소의 오행자 소장은 기업체와 여러 단체를 대상으로 하는 인성 분야의 명강사다. 어느 날 그에게 견디기 힘들 만큼 괴로운 일이 생겼다. 한바탕 실컷 울고 나면 풀릴 것 같은데 울 만한 장소가 없었다. 집에 가서 아이들 앞에서 울 수도 없고 커피숍이나 전철에서 울 수도 없어 고민하다가 친한 친구와 함께 족발과 소주 몇 병을 사서 모텔 방에 들어가 맘껏 울고 마셨다. 눈이 퉁퉁 부어 앞이 보이지 않을 정도가 되었지만 마음은 10년 묵은 체증이 빠져나간 것처럼 후련해졌다. 눈을 감아도 보일 정도로 서로를 의지하고 믿음이 쌓여 이루어지는 것이 친구다.

좋은 친구를 알아보는 Tip 10

01. 서로 이해하고 잘못이 있으면 덮어주는 것이 좋은 친구다.

02. 다퉜을 때도 서로를 생각하고, 허물 없이 바라볼 수 있어야 한다.

03. 어려운 일이 생겼을 때 맨발로 뛰어가 도와주는 사람이 친구다.

04. 서로 울어줄 수 있고 뒤돌아 흉보아도 예뻐 보이는 것이 친구다.

05. 보고 있어도 보고 싶은 사람이 진정한 친구다.

06. 아픔도 기쁨도 함께하며 어깨동무할 수 있는 것이 좋은 친구다.

07. 좋은 책을 보면 가장 먼저 생각나는 것이 좋은 친구다.

08. 나의 소중한 모든 것을 주고 싶은 것이 좋은 친구다.

09. 좋은 술과 안주가 있을 때 가장 먼저 생각나는 것이 좋은 친구다.

10. 기쁜 일이 생기면 가장 먼저 알리고 싶은 것이 좋은 친구다.

이런 남자를
만나라

잘될 사람은 넘어질 때마다 일어서지만 안 될 사람은 잠수해 버린다. 강성관 씨는 사회에 첫발을 잘못 내디뎌 실패하자 이를 만회하고자 빚을 얻어 재기를 꾀했지만 번번이 실패했다. 이런 일이 반복되어 신용불량자가 됐고, 결국 집도 절도 없는 신세가 되어 나를 찾아왔다.

"저는 실패했습니다."

"실패가 아니라 성공 지연이야. 고작 10년 손해 본 거지. 평생 실패자도 있는데 이 정도는 약과야. 내가 멘토가 되어 주겠네. 일단 빚부터 갚아야지."

그는 4년간 산청에 있는 건설 현장에서 막노동을 하면서도 일이 없는 날은 지속적으로 헌혈을 해서 훈장을 받았다. 일이 끝나고 밤이 되면 모두들 술을 마실 때도 혼자 독서에 열을 올렸다. 그는 내 책이 출간되면 가장 먼저 사인을 받아 인연 있는 100여 명에게 발송했다. 그사이 훌륭한 규수감이 나타났다.

"제가 보기에는 교수 같으신데, 맞죠?"

"아닙니다. 노가다를 뛰고 있습니다."

그 후 그녀와의 연락이 두절되었다. 그녀는 그를 돈 많은 교수로 알고 있었는데 기대가 무너지자 수신 거부를 해놓은 것이다. 강성관 씨는 4년간의 막노동으로 그 많은 빚을 다 갚고 자문을 받으러 다시 나를 찾아왔다.

"빚을 갚았다고 다 갚은 것이겠나. 현충원에 가 보면 나라를 위해 젊음을 바친 영혼들의 울부짖는 소리가 들릴 거야. 살아있는 사람에 대한 빚은 갚았지만 대한민국을 살아남게 한 그분들에게 감사와 속죄를 해야 모든 빚이 청산된다고 생각하네."

그는 매일 새벽 호국 영령들이 잠들어있는 현충원을 찾아가는 봉사를 하기 위해 가까운 흑석동에 원룸을 얻었고, 비가 오나 눈이 오나 새벽같이 비석을 닦고 주위를 정비했다. 1년을 하고 마쳤는데 34구역을 맡았던 특별한 이유가 있다고 했다.

"처음 현충원에 와서 비석에 쓰여있는 이름 하나하나를 불러 가며 기도를 하다 보니 저의 멘토 두 분의 성함이 34구역에 있었습니다. 이상헌 상병, 김용진 하사의 비석을 보고 이 자리가 인연이구나 하고 일 년간 정성을 드리기로 했습니다."

이상헌 상병은 나와 이름이 같았고, 김용진 하사는 YMCA에서 전뇌학습을 진행하는 원장님과 이름이 같았던 것이다.

강성관 씨는 그동안 비석을 닦으며 기도한 횟수가 42만 회가 되어서 대한민국 기록인증원에서 인증을 받았다. 두 눈 뜨고 있는 사람에게도 사기를 치는 세상에서 보이지 않는 호국 영령을 위해 기도 봉사를 한다는 것을 알게 된 주위 사람들이 비용을 마련해주어 그는 이대 앞과 건대 앞에서 패션 안경점과 장난감점을 경영하고 있다. 이제 좋은 배필을 만날 일만 남았다.

진국인 남자가 되는 Tip 10

01. 유연성 있는 남자가 되어라. 고집불통은 어디서나 외면당한다.

02. 죄지은 것이 없다면 당당하라. 비실거리는 사람은 털이범밖에 없다.

03. 리더가 되어라. 끌려다니면 언젠가는 폐기 처분된다.

04. 여자와 돈거래를 하지 마라. 돈도 잃고 사람도 잃는다.

05. 진실하라. 불성실함은 쉽게 꼬리를 밟힌다.

06. 긍정의 언어만 사용하라. 희망의 나무에만 희망의 꽃이 핀다.

07. 깍듯한 매너를 보여라. 그래야 끝까지 신뢰한다.

08. 죽는소리하지 마라. 다 된 죽에 코 빠뜨리기다.

09. 말수를 절반으로 줄여라. 여성에게 말할 기회를 주어라.

10. 주특기를 보여라. 그래야 자랑스러운 남친이 된다.

이런 여자를
만나라

　백화점 상품은 반품과 교환이 가능하지만 배우자는 그렇지 않다. 현재 우리나라의 전자제품은 세계에서 으뜸이지만 40여 년 전만 해도 툭하면 고장이 났고, 수리를 해도 그때뿐이었다. 그 후 금성사에서 '순간의 선택이 10년을 좌우한다'는 광고 카피로 전자 업계에 돌풍을 일으켰다. 그런데 순간의 선택이 평생을 좌우하는 것이 결혼이다.

　이혼이 많은 것은 보는 방법에 문제가 있기 때문이다. 재산, 학벌, 직장을 많이 보지만 정작 중요한 것은 성품과 장래성이다. 가난하고 학벌이 없더라도 진실되고 도전 정신만 있으면 어떤 어려움도 극복하고 상대를 위하는 삶을 살 수 있다. 내가 결혼식 주례를 봤던 커플이 3,000쌍 가까이 되지만 이혼은 불과 30쌍도 안 된다. 결혼에 대한 사전 교육과 사후 관리를 철저히 하기 때문이다. 연예인 뺨치게 예쁘고 잘생겼어도 낭비벽이 심하고 상대를 기죽이는 배우자를 만나면 행복한 결혼 생활은 불가능하다. 부전자전, 모전여전이라고 아들들은 아버지의 성품을 닮고 딸들은 어머니를 닮기 때문에 판단에 참고해야 한다. 재미있는 예화가 있다.

남편에게 말끝마다 "당신이 뭘 알아?" 하며 시도 때도 없이 구박하는 부인이 있었다. 어느 날 남편이 교통사고를 당해 중환자실에 있으니 빨리 오라는 전화를 받고 허겁지겁 병원으로 달려갔더니 남편은 이미 죽어서 하얀 천을 뒤집어쓰고 있었다. 허구한 날 구박했지만 막상 죽은 남편을 보니 그렇게 서러울 수가 없어 시신을 붙잡고 한없이 울고 있는데, 죽은 줄 알았던 남편이 슬그머니 천을 걷으면서 말했다.

"여보, 나 아직 안 죽었어."

그러자 깜짝 놀란 부인이 울음을 뚝 그치면서 남편에게 버럭 소리를 질렀다.

"당신이 뭘 알아요? 의사가 죽었다면 죽은 거지."

사람의 성품은 사귀는 동안에 충분히 알 수 있다. '설마 결혼하면 좋아지겠지' 하는 막연한 기대는 후회만 불러온다. 처음부터 문제라고 생각되면 결혼하지 말고, 결혼했다면 최선을 다해 서로에게 맞춰야 한다.

01. 검소한 여자는 부의 상징, 낭비가 심한 여자는 거지의 표상.

02. 남자를 높여주는 여자는 1등급, 사사건건 무시하는 여자는 반품.

03. 남자 덕만 보려는 여자는 위험인물, 헌신적인 여자는 신사임당.

04. 무식해도 부지런한 여자는 부자 동네 주인. 유식해도 게으르면 대책
    없는 여인.

05. 표정이 밝은 여자는 모든 일이 일사천리, 어두운 여자는 일사일리.

06. 교양 있는 언어를 사용하면 상류사회 진출자, 막말 전문가는 불운 혈
    통 창조자.

07. 끊임없이 갈고닦으면 무에서 유를 창조하고, 책과 담 쌓으면 바보로
    마감한다.

08. 희망을 말하면 희망을 꽃피우고, 불만만 말하면 천국도 지옥이 된다.

09. 노세 노세만 부르면 불운이 따라오고, 잘살아 보세를 부르면 인생이
    역전된다.

10. 자기 일에 최선을 다하면 축복이 따라오고, 말만 앞세우면 절망이 따
    라온다.

돈거래
철칙

약속은 어떤 일이 있어도 지켜야 하거늘 거짓말을 밥 먹듯 하는 사람은 약속처럼 무서운 것도 없다는 것을 모른다. 못 지킬 경우 화가 돌아온다는 것을 아는 사람은 목숨 걸고 약속을 지킨다. 아파트를 사는 데 돈이 부족하여 은행 돈을 1년 빌렸다. 그런데 1년이 되었을 때 대출금의 절반밖에 모으지 못해 사채를 빌려 갚은 일이 있다. 연장하는 방법도 있겠지만 약속을 지켜야 한다는 생각 때문에 그렇게 한 것이다.

넉넉하지 못한 형편에 가까스로 대학을 졸업한 K양은 취업이 안되어 놀고 있었다. 하루는 같은 반 친구가 전화를 걸어 1,000만 원만 빌려 달라고 애걸복걸했다. 거절하기가 곤란해 이리저리 뛰어다니며 그 돈을 마련해 주었더니 친구는 고맙다며 자기 딸 이름을 걸고 꼭 갚을 테니 걱정 말라고 했다. 첫 달은 이자를 내었지만 다음 달부터는 감감무소식이었다. K양은 그 돈을 갚기 위해 한 달에 50만 원을 받으며 중노동에 가까운 일을 해야 했다. 빚을 갚아 나가려니 분하고 억울하여 참을 수가 없어 먹지도 못하는 술을 마시고 길가는 모르는 사람들에게 욕설을 퍼붓는 이상행동까지 했다.

K양은 친구의 소재를 찾으려고 저녁에 일이 끝나면 수소문하며 다녔다. 결국 친구의 부모에게서 연락이 왔지만, 딸이 사고로 죽었는데 네가 저주해서 죽었으니 책임지라며 협박을 한다는 것이었다.

"세상에 이럴 수가 있습니까?"

"그런 것을 적반하장이라고 합니다. 도저히 방법이 없는 사람이지요. 그래도 좋은 사람이 더 많다는 데 위로를 삼아야 합니다."

"그래도 억울하고 분해 잠을 잘 수가 없습니다."

"그 정도면 약과입니다. 친구 보증 섰다가 집까지 날리고 길거리에 나앉은 사람도 있고 심하면 사람을 해치기도 하는 세상입니다."

돈이 사람을 속이지 사람이 속이는 게 아니라면서 돈에 책임 전가를 하는 사람도 있지만 돈의 입장에서 보면 억울하기 짝이 없는 일이다. 조희팔 다단계 사기 사건에 휘말려 일가족 15명이 자살한 일도 있었다. 며느리가 돈 벌 수 있는 일이 생겼다고 친정 및 시집 식구들을 끌어들였는데 사기였다는 것을 알고 자살하자 친정 부모 및 시집 식구들도 자살한 것이다.

돈거래 철칙 Tip 10

01. 연인 사이의 돈거래도 위험천만하다. 돈 잃고 사람 잃는다.

02. 그냥 줄 수 있다면 빌려주어도 좋다. 회수는 바라지 마라.

03. 높은 이자 준다는 것은 100퍼센트 사기다. 조희팔에게 물어보라.

04. 내 주머니에서 나가면 내 돈이 아니다. 주의하라.

05. 소식 없다가 찾아온 친구를 경계하라. 돈 버는 사업 이야기는 냉정히 거절하라.

06. 좋은 사업 아이디어는 그 사람에게만 좋은 것이다.

07. 하루만 빌려 달라고 해도 거절하라. 하루가 열흘 되고 10년 된다.

08. 공돈 바라지 마라. 공돈이 가장 비싼 돈이다.

09. 비싼 물건 잠시 맡고 돈 빌려주지 마라. 가짜 물건이다.

10. 경영과 투자 공부를 하라. 전문가가 되어야 안전하다.

부모에게 해야 할 일
10가지

　　신혼여행 다녀오라면서 누가 10일짜리 유럽 여행 티켓을 마련해 주었다고 치자. 평생 그 고마움을 잊지 못할 것이다. 부모님은 우리를 이 세상 100년 여행권을 무상으로 주었지만 그것이 고마운 일이라는 생각은 꿈에도 못 한다. 애지중지 키우며 자신들은 입을 것 못 입고 먹을 것 못 먹으며 대학 보내고 시집 장가 보내도 그 고마움을 생각하는 자녀는 찾아보기 힘들다.

　　효도는 삶의 으뜸가는 덕목이다. 효자가 살던 동네에 정문을 세워 널리 알리고, 동네 이름도 효도 '효孝'가 들어가는 효자동, 효촌 등등으로 명명했다. 도요토미 히데요시의 명으로 임진왜란에 참전했던 왜장 사야가는 위급한 상황임에도 혼자 도망치지 않고 노부모를 등에 업고 처자식을 양손에 잡은 채 유유히 피란하는 사람들의 모습을 보고 감동을 받았다. 이런 사람들을 살상했다가는 천벌을 받을 것이라 생각한 그는 직속 부하 3,000명과 함께 조선에 투항하여 총을 비롯한 신식 무기 사용법을 가르쳐주었다. 사야가의 도움으로 왜군에 빼앗겼던 땅을 되찾게 되자 감동한 선조는 사야가에게 김충선(金忠宣)이란 이름을 하사했다.

지금도 효자가 없는 것은 아니지만 나이 든 사람들은 점점 소외되고 있다. 우리 이웃 이야기를 하나 해보자. 혼자 된 아버지를 모시겠다는 자식이 없어 결국 시설에 들어가 쓸쓸이 살다가 세상을 떠난 노인이 있다. 자식들이 장례를 치름으로써 마지막 효도는 자기가 하겠다며 서로 다투다 난투극이 벌어졌고, 죄 없는 시신은 다섯 군데의 장례식장을 전전하다 결국 10일장을 치르게 되었다. 죽은 영혼일망정 마음 편할 리 없었을 것이다. 그 후 형제는 모두 원수가 되었는데 비극은 거기서 끝나지 않았다. 그때부터 각종 사고와 우환이 끊이지 않아 형제 중 셋이 이혼을 하고, 사고로 불구가 되거나 살인을 저질러 무기징역형을 받은 사람도 생겨났다. 주위에서는 예삿일이 아니라고 수군거렸다. 그들의 자녀 중에는 가출 청소년도 있고 일진 소속으로 툭하면 경찰서를 들락거리는 아이도 있다.

자녀의 폭력으로 부모가 다치거나 사망하는 경우도 있다. 이것을 보고 자라난 자녀들에게 자신도 똑같이 당할 수 있다. 효자 가문에 효자 나고 불효자 가문에 불효자가 나기 때문이다. 서울 외곽에 있는 300여 명의 무연고 노인들이 머무는 양로원에 위문을 간 적이 있다. 노인들은 대부분 자녀에게 버림받은 사람들로 자녀에게 불이익이 갈까 봐 감추고 있는 거라고 누군가 귀띔해 주었다. 부모님 은혜는 끝이 없다. 또 부모에게 잘해야 하는 이유는 자기도 자기가 한 대로 자녀에게 받게 되기 때문이다.

부모님께 해야 할 일 10가지를 적어 본다.

① 사랑한다는 고백을 자주 하라. 아무리 들어도 싫증 나지 않는 말이며, 사랑한다는 말처럼 달콤하고 따뜻한 말도 없다. 쑥스럽거든 편지라도 써라.

② 늙음을 이해해야 한다. 자녀들이 부모에게 들을 수 있는 가장 큰 악담은 "너도 늙어 봐라!"임을 잊지 마라. 어른은 한 번 되고 아이는 두 번 된다는 이야기가 있다. 더구나 노인은 정답을 말하기보다 오답을 말하지 않기 위해 애를 쓴다.

③ 웃음을 선물하라.

④ 용돈을 꼭 챙겨 드려라. 출생부터 열여덟 살까지 소년과 소녀에게는 좋은 부모가 있어야 하고, 열여덟 살부터 서른다섯 살까지는 실력과 예쁜 외모가 있어야 하며, 서른다섯 살부터 쉰다섯 살까지는 훌륭한 인격이 있어야 한다. 쉰다섯 살 이후로 필요한 것은

돈이다. 반드시 부모님의 통장을 만들어 드려라.

⑤ 부모님에게도 일거리를 드려라. 나이 들수록 설 자리가 필요하다. 할 일이 없는 것처럼 비참한 것도 없다. 텃밭을 마련하는 것도 좋은 일이다. 가정 안에는 부모 말고는 도무지 할 수 없는 일들이 있다. 바로 그런 일들을 찾아 드려라.

⑥ 이야기를 자주 하라. 쓸데없는 이야기라도 자주 해드려라. 하시는 말씀도 잘 들어주어야 한다. 노인들이 가장 간절히 원하는 것은 말 상대다.

⑦ 밝은 표정은 부모에게 가장 큰 선물이다. 자신의 성격에 의해 형성되는 얼굴이야말로 그 어떤 경치보다 아름다운 것이다. 부모에게 밝은 낯빛으로 위안을 드려야 한다.

⑧ 작은 일도 상의하고, 문안 인사도 잘 드려라. 사소한 일이라도 의논드려라. 또한 일단 대문을 나서면 안부를 묻고 집에 들어서면 부모를 찾아라. 정기 건강검진은 필수다.

⑨ 부모의 인생을 잘 정리해 드려라. 죽음은 통과의례와 같다. 준비하고 죽는 죽음은 아름답다. 생애를 멋지게 정리해 드려라.

⑩ 가장 큰 효는 부모님의 방식을 인정해 드리는 일이다. '내 인생(人生)은 나의 것'임을 잊어서는 안 된다. 내 방식대로 효도하려 들지 마라. 마음 편한 것이 가장 큰 효도다.

부모님께 효도하는 Tip 10

01. 밝은 웃음을 보여라. 그게 효도다.

02. 걱정거리를 말하지 마라. 스스로 해결해야 자랑스러운 자식이다.

03. 형제간에 우애를 보여라. 그것이 부모가 바라는 일이다.

04. 늙음에 대하여 이해하라. 너는 늙어 봤니, 나는 젊어 봤다는 노래도 들려 드려라.

05. 떨어져 있으면 수시로 안부를 전하라.

06. 자서전을 만들어 드려라. 그게 자식이 할 일이다.

07. 세상 돌아가는 얘기를 들려 드려라. 나이가 들어도 세상 이야기가 궁금하다.

08. 부모님과의 약속은 반드시 지켜라.

09. 정기적으로 건강진단을 받게 하라.

10. 무슨 말이건 거역하지 마라. 네, 하고 대답하라.

노후를
즐기는 법

지난 세기의 70세라면 지금의 100세와 비슷할 것이다. 거장들의 마지막 작품들은 보통 70~80대에 발표한 것들이다. 빅토르 위고는 72세에 『93년』을 집필했고 톨스토이는 70세에 『부활』, 78세에 마지막 작품인 『인생 독본』을 펴냈다. 헤르만 헤세도 80세까지 작품을 출판했으며, 괴테는 사망하기 1년 전인 82세에 『파우스트』를 끝냈다.

최근 100세 이상 노인들이 쓴 작품이 늘고 있다. 일본의 최고령 시인 시바타 도요는 92세에 시를 쓰기 시작해서 98세에 『약해지지 마』라는 시집을 펴내 일본에서만 160만 부가 팔렸다. 100세 때인 2011년에는 『100세』라는 시집을 내면서 "30년을 더 살 줄 알았더라면 뭔가를 해야 했다."고 후회하는 글을 서문에 실었다. 현역 화가인 103세 시모다 도코 여사의 에세이집 『103세가 돼 깨우친 것』이 화제작으로 떠올랐는데, 그녀는 영국 대영박물관과 미국 메트로폴리탄 미술관에 작품이 소장되어 있을 만큼 화가로도 유명하다. 한국에서도 서울대학교 법대 학장을 지낸 고 최태영 박사가 102세인 2002년에 『한국 고대사를 생각한다』를 출간해 많은 사람의 관심을 끌었다. 최 박사는 105세에 영면했다.

인생은 스스로를 비추는 거울이어서 성품을 보면 말년을 알 수가 있다. 평균수명 40세 시대였던 조선조에 90세를 살았던 황희 정승은 넉넉한 성품과 긍정적인 언행으로 남을 나처럼 사랑한 반면, 적개심으로 똘똘 뭉쳤던 진시황은 미움이 자기 자신을 상하게 하여 50세에 생을 마감했다. 진시황은 바른말을 한다는 이유로 유생들을 살해하고 학문을 다룬 서적들을 불태워 분서갱유라는 역사적 사건을 만들기도 했다. 원한을 사면 그것이 내 몫으로 돌아온다는 진리를 몰랐던 것이다. 세상에서 가장 강한 힘은 사랑의 힘이다. 사랑의 힘이 능력뿐만 아니라 수명까지 좌우하는 것이다.

노후를 즐기기 위한 Tip 10

01. 세상에 애정을 가져라. 세상도 나를 사랑한다.

02. 친구도 만나고 세미나나 전시장도 종종 다녀라.

03. 자서전을 써라. 자기 완성의 지름길이다.

04. 불평분자는 만나지 마라. 나도 모르게 닮게 된다.

05. 덕담을 많이 하라. 인생이 천국이 된다.

06. 열심히 움직여라. 활동력은 활력을 만들어 낸다.

07. 번뇌, 고뇌와는 상종하지 마라. 가까이하면 지옥문이 열린다.

08. 돈과 명예에 집착하지 마라. 사랑만이 영원하다.

09. 취미를 가져라. 분재나 서화도 즐거움의 샘터다.

10. 나눔에 익숙해져라. 나눔은 기쁨을 33배로 증폭시킨다.

퉁명한 한국 사람,
상냥한 일본 사람

한국인은 일본인에 대하여 무조건 적개심을 갖는다. 36년간 지배당했던 과거 때문이다. 약하면 당하게 되어있는 것이 세상사여서 원망하고 욕한다고 강해지는 것이 아니다. 그들을 이기려면 그들을 알고 그들의 좋은 점을 우리 것으로 만들어 그들보다 더 강해지는 것이 필요하다.

문용규 씨는 헌신적이고 정이 많은 사람으로 일본 여성과 결혼하여 두 딸을 두었는데 딸들은 어머니를 닮아 예술적 재능이 뛰어나다. 문용규 씨 부인은 누구보다 바쁜 시간을 보내고 있다. 그에게 영적인 지도를 받으려고 매달 일본 여성들이 수없이 찾아오고, 수시로 일본으로 건너가 지도를 하고 돌아온다.

대부분의 일본 여성들은 남편을 존경으로 대한다. 내가 지켜본 일본 여성들은 남편에 대해 절대적이다. 일본인에게도 배울 것은 배워야 한다. 그동안의 일본에 대한 적개심은 대부분 정치적인 판단 때문에 생긴 현상이다. 일본에 대하여 부정적인 얘기만 들었을 뿐 좋은 얘기는 들어 본 일이 없기 때문이다. 반성의 차원에서 한국 사람과 일본 사람의 특성을 살펴보았는데 한 번쯤 생각해 볼 문제다.

내가 본 일본 사람의 특징 TIP 20

01. 일본 사람은 조폭 이상 의리를 중시한다. 한 번 신세 지면 평생 잊지 않는다.

02. 일본 사람은 귀한 손님을 자기 집으로 모신다. 그래야 정성이라고 생각한다.

03. 일본 사람은 공깃밥에 단무지 3쪽, 김 3장이면 충분하다고 여긴다. 소식 건강의 실천이다.

04. 일본 사람은 자립심이 강하다. 부모 돈은 부모 돈, 내 돈은 내 돈이다.

05. 일본 사람은 집 크기는 의식하지 않는다. 일본 각료들도 20평이면 만족한다.

06. 일본 여성은 자전거를 타는 남자를 선호한다. 건강을 제일로 생각한다.

07. 일본 사람은 공금을 건드리는 법이 없다. 공금을 먹다 체하면 천벌받는다고 알고 있다.

08. 일본 사람은 일을 오락으로 생각한다. 휘파람 불며 신나게 출근한다.

09. 일본 사람은 근무복을 자랑스럽게 여긴다. 데이트할 때도 작업복을

입고 나간다.

10. 일본 사람은 자기가 잘못했다는 걸 알면 금방 사과한다. 아베처럼 안 하는 경우도 있더라만.

11. 일본 사람은 신분이 철저해야 정치를 할 수 있다. 바른 사람이 해야 나라꼴이 되기 때문이다.

12. 일본 사람은 근검, 절약, 저축이 부자의 비결이라고 생각한다. 이자가 없어도 은행을 이용한다.

13. 일본 사람은 무엇을 하려면 전문가를 찾아 그의 조언대로 행동한다.

14. 일본 사람은 힘들어도 절대로 죽는소리를 안 한다. 자기가 믿는 신에게 도움을 청한다.

15. 일본 사람은 누구에게나 하이, 하이 하며 깍듯이 대한다. 동방예의지국을 전수받은 모양이다.

16. 일본 사람은 잘못을 끝까지 책임진다. 책임자는 할복자살한다.

17. 일본 사람은 혼자서는 무기력해 보인다. 그러나 뭉칠수록 단결이 되는 민족이다.

18. 일본 노조는 흑자가 나도 회사의 앞날을 생각해 임금 동결을 자청한다.

19. 일본 사람은 잘 웃는다. 허파에 바람이 들었나 보다.

20. 일본 사람은 상냥하게 말한다. 듣다 보면 귀가 간지럽다.

행복한 부자
되는 법

처음부터 돈이 많다고 부자가 되고 힘들다고 평생 가난해지는 것은 아니다. 가난은 단순히 돈 문제가 아니라 가치관과 절대자와의 관계와 관련이 있어 그 반대가 되는 경우도 종종 있다. 인터넷 언론 재벌 '브레이크뉴스' 문일석 대표는 시골에서 3000원 가지고 올라왔다는 말을 종종 한다. 그러나 내가 볼 때는 그 정도면 대단한 것이다. 나는 병들어 내일을 기약할 수 없을 때 고향 부모님 댁에 가서 연명했는데 화가인 사촌 누님이 와서 뼈만 앙상한 나를 보고 이렇게 있다가는 살아날 가망이 없지만 서울에 가면 그래도 방법이 있을지 누가 아느냐며 용돈 500원을 주었는데 그것이 오늘의 나를 만든 것이다.

내가 노숙자들을 대상으로 조사한 결과, 그들은 잘나갈 때 사람

무시하고 감사의 말보다 원망을 주로 하며 살아왔다. 병들었다, 돈 없다, 배우자가 섭섭하게 한다, 에서 시작하여 조상을 원망하고 하늘을 원망하지 않았는가를 살펴볼 필요가 있다. 이런 것들은 모두 감사함의 결핍이 만들어 준다. 나는 돈이 없으면 꾸어서라도 감사한 사람에게 봉투를 만들어 감사 헌금을 하거나 책을 사서 선물한다. 그런데 놀랍게도 다음 날 생각지도 않았던 돈이 들어온다. 위하는 마음과 행동이 나를 살리는 것이다.

나는 살아있는 동안 가치 있는 삶을 만들겠다는 철학을 갖고 있어서 돈이 아니라 보람이 목표였다. 한번은 D그룹 K회장이 찾아왔다. 자신이 위기에 처했는데 나를 만나면 해답을 얻을 거라고 해서 왔다는 것이다. 그 후 다시 나를 찾아왔을 때는 힘이 넘쳐 보였다.

"덕분에 살아났습니다. 사례를 하려고 하는데 뭐든지 말씀하세요."

"나는 사례를 위해 말씀드린 게 아닙니다. 회장님 돕는 것이 나라를 위하는 거라는 생각에 도운 것입니다."

K회장은 자신이 갚지 않으면 아이디어도 자기 몫이 안 되니 말하라고 청해서 말했다.

"내 친구 중에 민예극단 대표 허규 씨가 있는데 부도가 나서 극단이 해체 위기를 맞았습니다. 이름 있는 연기자들도 많이 소속되어 있는데 활동할 수 있게 작은 극장 하나를 세워주고 단원들의 생활비도 보탤 수 있게 도와주세요. 우리나라 문화 중흥에 도움 주시는 겁니다"

이렇게 해서 이화여대 앞에 민예극장이 문을 열었는데 지난해에 기쁨세상 강성관 회원이 패션안경점을 세우고 와서 이런 말을 한다.

"바로 우리 가게 앞이 민예극단이었답니다."

세상 모든 것에는 우연이 없다. 인연의 법칙처럼 무서운 것도 없다는 생각이 든다.

허규 씨는 그 후 국립극장장이 되었고, 손진책 김성녀 부부는 극단 미추를 만들어 활발히 활동하고, 최불암 씨는 국민 배우로 추앙을 받고 있고, 나는 나이 들수록 건강이 좋아지고 있다. 나 혼자 잘 살겠다고 발버둥쳤다면 나는 이미 저세상으로 떠났을 것이다

행복한 부자가 되기 위한 Tip 10

01. 없다 타령을 하지 마라. 내가 하는 말이 나의 미래를 만드는 청사진 이다.

02. 덕담으로 남을 감동시켜라. 남을 비난하는 말을 쓰는 행복한 부자는 없다.

03. 빚은 액수에 관계없이 재수 없는 물건이다. 죽을힘을 다해 빚에서 벗 어나라.

04. 목에 힘주지 마말라. 교만은 자살 폭탄보다 무섭다.

05. 즐겁게 베풀어라. 남을 위하는 자가 부자가 된다.

06. 부자의 환경을 만들어라. 품위와 교양도 부자의 환경이다.

07. 공식을 풀어라. 실패자가 계속 실패하는 것은 성공 공식을 모르기 때문이다.

08. 정성을 모아라. 빛을 모으면 종이에 불이 붙고, 작은 빗방울이 모여 바다를 이룬다.

09. 정성에 정성을 더하면 열정이 되고 그 열정에 하늘이 감동한다.

10. 부모와 창조주에게 헌금하라. 부모는 육신의 창조주요, 하나님은 영혼의 창조주다.

끝마무리

옛날 부잣집에는 종들이 집안일을 다 했다. 봄에서 가을까지는 농사를 짓고 추수하며 겨울에는 사랑방에서 가마니 짜기와 새끼 꼬기를 한다. 한 후덕한 주인이 종들에게 새 삶을 살게 해주려고 마음먹고 "내일부터 자유를 주겠으니 오늘 마지막으로 새끼를 가 늘게 많이 꼬도록 해라."라고 말했다. 이 말을 듣고 젊은 종은 마지 막 날까지 일을 시키냐고 투덜거리며 적당히 일하다 말았고, 늙은 종은 그동안 자기에게 베풀어 준 은혜를 생각하니 너무 고마워 밤 새워 새끼를 꼬았다. 다음 날 주인은 종들에게 전날 꼰 새끼를 들 고 광으로 오게 했는데 그곳에는 빛나는 엽전이 가득했다.

"너희들이 꼰 새끼에 엽전을 꿰어 가져가서 잘 살도록 해라."

나이가 든 종은 그 돈으로 농토를 마련하고 큰 집을 사서 부자로 살았지만 꾀를 부린 젊은 종은 결국 다른 집 종으로 팔려 갈 수밖에 없었다. 시작이 좋으면 끝도 좋다고 하지만 끝이 좋지 않으면 아무 소용이 없음을 말해주는 옛이야기다.

누구에게나 같은 시간과 조건이 주어진다. 긍정적인 사람은 어려움도 하나의 과정으로 받아들여 처리해 나가지만 소심한 사람은 한 번 넘어지면 죽었다고 복창하며 움직이려 들지 않는다. 쓰러진 것이 실패가 아니라 일어나지 않는 것이 실패라는 것을 모르는 것이다.

권정희 씨에게는 '똑순이'라는 별명이 붙어 다닌다. 결혼 초, 시댁이 있는 거창에서 P치킨을 경영했는데 오토바이 배달원 2명을 두고 일했지만 그래도 손이 모자라 자신도 배달을 하다 수없이 다쳤으면서도 깁스를 하고 배달하여 모르는 사람이 없을 정도가 되었다. 많은 점포 중에 전국 매출 1위가 되어 본사에서 내려와 축하금과 함께 많은 혜택을 주었다.

그 후 건강보석제품 회사에서 일을 했는데 워낙 큰 회사인데도 부도가 나자 모두 떠났으나 그는 혼자 남아 1년 넘게 마무리를 하고 나왔다. 그동안 시인이 되고 강사가 되자 많은 기업에서 러브콜을 해왔는데 그중 멜라루카인터내셔날코리아㈜와 인연을 맺었다. 건강과 관계되는 제품을 100퍼센트 자기자본과 시설로 생산하여 미국 매출 1위 기업으로 세계 18개국에 판매망을 가진 유망 기업이었다. 그의 인간관계와 능력을 보면 판매왕 세계 1위도 시간 문제라는 생각이 든다. 할 일이 없다며 한숨 쉬는 사람들은 권정희 씨를 한번 만나보는 것도 필요하다. 끝마무리는 또 다른 시작에 다름이 아니다.

아름다운 마무리를 위한 Tip 10

01. 좋은 영화는 마지막 장면이 확실히 다르다. 라스트 신이 가장 중요하다.

02. 인생은 마라톤이다. 승리는 마지막까지 최선을 다한 사람에게 돌아간다.

03. 불상이라고 모두 부처가 아니다. 마지막 점안식을 해야 부처가 된다.

04. 누가 열심히 일하면 '적당히 해'라고 말한다. 이렇게 살면 인생은 쭉정이로 끝난다.

05. 직장의 승부는 퇴근 시간에 결정된다. 미리부터 퇴근 준비를 하면 별 볼 일 없이 된다.

06. 노트를 보면 학생의 미래를 알 수 있다. 마지막 장까지 정성껏 필기했으면 승리자가 된다.

07. 자동차는 2만 5,000개의 부품으로 조립된다. 작은 것에도 정성을 다하지 않으면 무더기로 리콜하게 된다.

08. 생산 공장에는 품질관리부가 있다. 여기서 작은 하자라도 발견되면 불량품으로 폐기한다.

09. 답안지를 잘 작성하고도 이름을 쓰지 않아 낙제하는 사람이 생각보다 많다.

10. 마지막까지 열정을 다하자. 최후에 웃는 자가 성공자다.

흥하는 말씨 망하는 말투 2

초판 1쇄 발행 2019년 7월 10일
초판 3쇄 발행 2022년 1월 25일

지은이 이상헌
펴낸이 이수철
주 간 하지순
교 정 차은선
디자인 권석중
마케팅 안치환
관 리 전수연

펴낸곳 나무옆의자
출판등록 제396-2013-000037호
주소 (10449) 경기도 고양시 일산동구 호수로 358-39 동문타워1차 202호
전화 02) 790-6630 팩스 02) 718-5752
페이스북 www.facebook.com/namubench9

ISBN 979-11-6157-057-0 04320
      979-11-6157-055-6 (세트)